1+X 职业技能鉴定考核指导手册

商品营业员

（汽车配件）

五 级

编审委员会

主　任　张　岚　黄卫来

委　员　顾卫东　葛恒双　孙兴旺　葛　玮　李　晔
　　　　刘汉成

执行委员　李　晔　瞿伟洁　夏　莹

中国劳动社会保障出版社

图书在版编目(CIP)数据

商品营业员.汽车配件.五级/人力资源和社会保障部教材办公室等组织编写.—北京：中国劳动社会保障出版社，2017

1+X职业技能鉴定考核指导手册

ISBN 978-7-5167-2948-9

Ⅰ.①商… Ⅱ.①人… Ⅲ.①汽车-配件-销售-职业技能-鉴定-自学参考资料 Ⅳ.①F718

中国版本图书馆CIP数据核字(2017)第055577号

中国劳动社会保障出版社出版发行

(北京市惠新东街1号 邮政编码：100029)

*

三河市华骏印务包装有限公司印刷装订 新华书店经销
787毫米×960毫米 16开本 10.25印张 165千字
2017年3月第1版 2017年3月第1次印刷
定价：24.00元

读者服务部电话：(010) 64929211/64921644/84626437
营销部电话：(010) 64961894
出版社网址：http://www.class.com.cn

版权专有 侵权必究

如有印装差错，请与本社联系调换：(010) 50948191
我社将与版权执法机关配合，大力打击盗印、销售和使用盗版图书活动，敬请广大读者协助举报，经查实将给予举报者奖励。
举报电话：(010) 64954652

前　言

职业资格证书制度的推行，对广大劳动者系统地学习相关职业的知识和技能，提高就业能力、工作能力和职业转换能力有着重要的作用和意义，也为企业合理用工以及劳动者自主择业提供了依据。

随着我国科技进步、产业结构调整以及市场经济的不断发展，特别是加入世界贸易组织以后，各种新兴职业不断涌现，传统职业的知识和技术也愈来愈多地融进当代新知识、新技术、新工艺的内容。为适应新形势的发展，优化劳动力素质，上海市人力资源和社会保障局在提升职业标准、完善技能鉴定方面做了积极的探索和尝试，推出了1＋X培训鉴定模式。1＋X中的1代表国家职业标准，X是为适应上海市经济发展的需要，对职业标准进行的提升，包括了对职业的部分知识和技能要求进行的扩充和更新。上海市1＋X的培训鉴定模式，得到了国家人力资源和社会保障部的肯定。

为配合上海市开展的1＋X培训与鉴定考核的需要，使广大职业培训鉴定领域专家以及参加职业培训鉴定的考生对考核内容和具体考核要求有一个全面的了解，人力资源和社会保障部教材办公室、中国就业培训技术指导中心上海分中心、上海市职业培训研究发展中心联合组织有关方面的专家、技术人员共同编写了《1＋X职业技能鉴定考核指导手册》。该手册由"理论知识复习题""操作技能复习题"和"理论知识模拟试卷及操作技能模拟试卷"三大块内容组成，书中介绍了题库的命题依据、试卷结构和题型题量，同时从上海市1+X鉴定题库中抽取部分理论知识题、操作技能试题和模拟样卷供考生参考和练习，便于考生能够有针对性地进行考前复习准备。今后我们会随着国家职业标准以及鉴定题库的提升，逐步对手册内容进行补充和完善。

  本系列手册在编写过程中，得到了有关专家和技术人员的大力支持，在此一并表示感谢。

  由于时间仓促，缺乏经验，如有不足之处，恳请各使用单位和个人提出宝贵意见和建议。

1+X职业技能鉴定考核指导手册
编审委员会

目 录

CONTENTS 1+X 职业技能鉴定考核指导手册

商品营业员（汽车配件）职业简介 …………………………………（1）

第1部分　商品营业员（汽车配件）（五级）鉴定方案 ……………（2）

第2部分　鉴定要素细目表 ……………………………………………（4）

第3部分　理论知识复习题 ……………………………………………（16）

　　职业道德及职业素质 …………………………………………………（16）

　　汽车配件的识别与选配 ………………………………………………（25）

　　销售基础 ………………………………………………………………（36）

　　售后服务 ………………………………………………………………（44）

　　日常进货管理 …………………………………………………………（49）

　　汽车配件的保管 ………………………………………………………（53）

　　电子商务和网店销售 …………………………………………………（60）

第4部分　操作技能复习题 ……………………………………………（64）

　　常用汽车配件与车标识别 ……………………………………………（64）

　　销售实务 ………………………………………………………………（89）

　　售后服务 ………………………………………………………………（91）

　　采购与保管 ……………………………………………………………（101）

第5部分　理论知识考试模拟试卷 ……………………………………（127）

第6部分　操作技能考核模拟试卷 ……………………………………（139）

商品营业员（汽车配件）职业简介

一、职业名称

商品营业员（汽车配件）。

二、职业定义

从事汽车配件的销售、采购与保管工作。

汽车配件是指满足汽车保修需要的零部件、相关产品及保修机具。

三、主要工作内容

从事的工作主要包括：(1) 汽车配件的识别与选配；(2) 汽车配件市场营销与客户服务；(3) 汽车配件的采购与保管；(4) 汽配销售的管理与商务活动。

第1部分 商品营业员（汽车配件）（五级）鉴定方案

一、鉴定方式

商品营业员（汽车配件）（五级）的鉴定方式分为理论知识考试和操作技能考核。理论知识考试采用闭卷计算机机考方式，操作技能考核采用现场实际操作（笔试、口试）方式。理论知识考试和操作技能考核均实行百分制，成绩皆达60分及以上者为合格。理论知识考试或操作技能考核不及格者可按规定分别补考。

二、理论知识考试方案（考试时间90 min）

题型 \ 项目	考试方式	鉴定题量	分值（分/题）	配分（分）
判断题	闭卷机考	60	0.5	30
单选题	闭卷机考	70	1	70
小计	—	130	—	100

三、操作技能考核方案

考核项目表

职业（工种）名称		商品营业员（汽车配件）		等级	五级	
职业代码						
序号	项目名称	单元编号	单元内容	考核方式	选考方法	考核时间(min)	配分(分)

序号	项目名称	单元编号	单元内容	考核方式	选考方法	考核时间(min)	配分(分)
1	常用汽车配件与车标识别	1	汽车配件分类	操作	必考	3	15
		2	轮胎识别	操作	抽一	5	15
		3	车标识别	操作			
		4	工量具识别	操作			
2	销售实务	1	售前准备	操作	必考	8	5
		2	接待客户	操作	必考		5
		3	商品介绍（润滑油、空滤、机滤、汽滤、空调滤）	操作	必考		10
		4	开提货单	操作	必考		10
3	售后服务	1	电话联系客户	操作	必考		10
		2	制作客户资料表	操作	必考	5	10
4	采购与保管	1	制作配件库存卡	操作	必考	4	10
		2	配件的陈列与摆放	操作	抽一	4	10
		3	灭火器的应用及摆放	操作			
		4	出入库管理	操作			
合计						32	100
备注	每批4人，鉴定用时32 min，批间轮换时间3 min						

第2部分 鉴定要素细目表

职业（工种）名称				商品营业员（汽车配件）	等级	五级
职业代码						
序号	鉴定点代码			鉴定点内容	备注	
	章	节	目	点		
	1				职业道德及职业技能基础	
	1	1			社会主义核心价值观与职业道德	
	1	1	1		社会主义核心价值观	
1	1	1	1	1	社会主义核心价值观基本内容	
2	1	1	1	2	培育和践行社会主义核心价值观要坚持的原则	
3	1	1	1	3	培育和践行社会主义核心价值观的落实	
4	1	1	1	4	开展社会主义核心价值观的实践活动	
	1	1	2		职业道德	
5	1	1	2	1	职业道德规范	
6	1	1	2	2	职业道德与市场经济	
7	1	1	2	3	汽车配件销售员的职业道德	
	1	2			财务基本知识	
	1	2	1		同城结算	
8	1	2	1	1	同城结算	
	1	2	2		现金结算	
9	1	2	2	1	现金结算	
	1	2	3		支票结算	

续表

职业（工种）名称				商品营业员（汽车配件）	等级	五级
序号	鉴定点代码			鉴定点内容	备注	
	章	节	目	点		
10	1	2	3	1	支票的含义	
11	1	2	3	2	支票使用规定——支票的签发	
12	1	2	3	3	支票使用规定——支票的填写与挂失	
	1	2	4		有关票据管理知识	
13	1	2	4	1	有关发票的一般规定	
14	1	2	4	2	有关发票的特殊规定	
15	1	2	4	3	普通发票使用登记、缴销和保管制度	
16	1	2	4	4	增值税专用发票	
17	1	2	4	5	快递单据的填写	
18	1	2	4	6	运输货票	
	1	3			法律常识	
	1	3	1		产品质量法	
19	1	3	1	1	产品质量和产品质量法的概念	
20	1	3	1	2	生产者的产品质量责任和义务	
21	1	3	1	3	销售者的产品质量责任和义务	
22	1	3	1	4	产品质量管理及其标准	
	1	3	2		消费者权益保护法	
23	1	3	2	1	消费者权益保护法和消费者	
24	1	3	2	2	消费者的权利	
25	1	3	2	3	经营者的权利	
26	1	3	2	4	争议的解决和法律责任	
27	1	3	2	5	欺诈消费者行为的种类	
	1	3	3		《合同法》基础	
28	1	3	3	1	合同的概念和《合同法》	
29	1	3	3	2	《合同法》的基本原则	
30	1	3	3	3	合同的形式和内容	

商品营业员（汽车配件）（五级）

续表

职业（工种）名称				商品营业员（汽车配件）	等级	五级
职业代码						
序号	鉴定点代码				鉴定点内容	备注
	章	节	目	点		
31	1	3	3	4	合同的成立和效力	
	1	4			安全常识	
	1	4	1		《消防法》知识	
32	1	4	1	1	《消防法》知识	
	1	4	2		一般防火知识	
33	1	4	2	1	燃烧必备条件	
34	1	4	2	2	汽车配件商场与库房的防火	
35	1	4	2	3	发生火灾时的应急处理	
36	1	4	2	4	正确使用干粉灭火器	
	1	4	3		汽车配件的防盗	
37	1	4	3	1	汽车配件的防盗	
	1	4	4		卫生安全常识	
38	1	4	4	1	卫生安全常识	
	2				汽车配件的识别与选配	
	2	1			机械常识	
	2	1	1		汽车维修常用工具和量具	
39	2	1	1	1	汽车维修常用工具	
40	2	1	1	2	汽车维修常用量具	
	2	1	2		常用法定计量单位	
41	2	1	2	1	常用法定计量单位	
42	2	1	2	2	常用法定计量单位的换算	
43	2	1	2	3	汽车配件的计量单位	
	2	1	3		车用材料	
44	2	1	3	1	汽车配件常用金属材料	
45	2	1	3	2	汽车配件常用非金属材料	
	2	2			汽车常用运行材料	

续表

职业（工种）名称				商品营业员（汽车配件）	等级	五级
职业代码						
序号	鉴定点代码			鉴定点内容		备注
	章	节	目	点		
	2	2	1		车用燃料	
46	2	2	1	1	汽油	
47	2	2	1	2	车用轻柴油	
48	2	2	1	3	新能源	
	2	2	2		汽车润滑油	
49	2	2	2	1	发动机油（机油）的用途	
50	2	2	2	2	发动机油（机油）的标识	
51	2	2	2	3	齿轮油	
	2	2	3		冷却液	
52	2	2	3	1	冷却液	
	2	2	4		制动液	
53	2	2	4	1	制动液	
	2	2	5		车用液力传动油	
54	2	2	5	1	车用液力传动油（自动变速箱油ATF）	
	2	2	6		制冷剂	
55	2	2	6	1	制冷剂	
	2	3			汽车主要技术参数及分类	
	2	3	1		国内外车型概况	
56	2	3	1	1	汽车发展史	
57	2	3	1	2	中国第一汽车集团公司及品牌	
58	2	3	1	3	上海大众汽车有限公司及品牌	
59	2	3	1	4	上海通用汽车有限公司及品牌	
	2	3	2		汽车主要技术参数	
60	2	3	2	1	汽车主要技术参数	
	2	3	3		汽车分类规则及编号规则	
61	2	3	3	1	国产汽车的分类	

商品营业员（汽车配件）（五级）

续表

职业（工种）名称					商品营业员（汽车配件）	等级	五级
职业代码							
序号	鉴定点代码				鉴定点内容		备注
	章	节	目	点			
62	2	3	3	2	国产汽车型号的编制规定		
63	2	3	3	3	国际车辆编号规则、配件编号规则		
	2	4			汽车构造		
	2	4	1		汽车构造		
64	2	4	1	1	汽车构造		
65	2	4	1	2	汽车发动机构造及配件		
66	2	4	1	3	国产汽车发动机产品名称和型号编制规则		
67	2	4	1	4	汽车发动机构造		
68	2	4	1	5	曲柄连杆机构		
69	2	4	1	6	配气机构		
70	2	4	1	7	汽油机燃料供给系		
71	2	4	1	8	柴油机燃料供给系		
72	2	4	1	9	发动机冷却系		
73	2	4	1	10	发动机润滑系		
	2	4	2		汽车底盘构造及配件		
74	2	4	2	1	汽车底盘构造及配件		
75	2	4	2	2	传动系及配件		
76	2	4	2	3	行驶系及配件		
77	2	4	2	4	转向系及配件		
78	2	4	2	5	制动系及配件		
	2	4	3		汽车电器		
79	2	4	3	1	蓄电池		
80	2	4	3	2	交流发电机及配件		
81	2	4	3	3	电压调节器及配件		
82	2	4	3	4	起动机及配件		
83	2	4	3	5	点火系及配件		

续表

职业（工种）名称				商品营业员（汽车配件）	等级	五级
职业代码						
序号	鉴定点代码			鉴定点内容	备注	
	章	节	目	点		
84	2	4	3	6	灯光信号系统及配件	
85	2	4	3	7	汽车仪表	
	2	4	4		汽车车身	
86	2	4	4	1	汽车车身	
	3				销售基础	
	3	1			商品流通知识	
	3	1	1		我国商业行业结构	
87	3	1	1	1	我国商业行业结构	
	3	1	2		汽车配件流通	
88	3	1	2	1	汽车配件流通行业的产生与发展	
89	3	1	2	2	汽车配件行业的基本任务	
	3	2			商品陈列与广告宣传	
	3	2	1		陈列概述	
90	3	2	1	1	陈列概述	
91	3	2	1	2	商品陈列的方法	
92	3	2	1	3	商品陈列的要求	
93	3	2	1	4	商品陈列的原则	
94	3	2	1	5	配件销售营业场地的环境要求	
	3	2	2		配件商品陈列的分类	
95	3	2	2	1	配件商品陈列的分类	
	3	2	3		广告宣传概念与手段	
96	3	2	3	1	广告宣传概念与手段	
	3	3			接待客户与商品介绍	
	3	3	1		售货程序	
97	3	3	1	1	准备	
98	3	3	1	2	接待与介绍商品	

商品营业员（汽车配件）（五级）

续表

职业（工种）名称					商品营业员（汽车配件）	等级	五级
职业代码							
序号	鉴定点代码				鉴定点内容		备注
	章	节	目	点			
99	3	3	1	3	开票与收款		
100	3	3	1	4	递交与道别		
	3	3	2		购买心理		
101	3	3	2	1	消费者的需求种类划分		
102	3	3	2	2	顾客购买心理过程的八个阶段		
	3	3	3		接待客户的注意事项		
103	3	3	3	1	社交基本原则		
104	3	3	3	2	汽车配件销售员的基本礼仪		
	3	3	4		汽车配件门市销售		
105	3	3	4	1	汽车配件门市销售		
	3	3	5		商品介绍与咨询		
106	3	3	5	1	咨询服务内容		
107	3	3	5	2	咨询服务方式		
108	3	3	5	3	咨询服务时的注意事项		
	3	3	6		接待客户服务投诉		
109	3	3	6	1	客户投诉的内容		
110	3	3	6	2	处理客户投诉的原则		
111	3	3	6	3	处理客户投诉的程序		
	3	4			谈判与成交		
	3	4	1		谈判技巧		
112	3	4	1	1	谈判的基本技巧		
113	3	4	1	2	成交的策略		
	3	4	2		订立口头合同		
114	3	4	2	1	口头合同的形式		
115	3	4	2	2	口头合同的主要条款		
	3	4	3		收取货款		

续表

职业（工种）名称				商品营业员（汽车配件）	等级	五级
职业代码						
序号	鉴定点代码				鉴定点内容	备注
	章	节	目	点		
116	3	4	3	1	正确计算货款	
117	3	4	3	2	原始凭证	
118	3	4	3	3	识读发票	
119	3	4	3	4	准确识别现金真伪	
	3	4	4		柜组核算知识	
120	3	4	4	1	柜组核算的概念	
121	3	4	4	2	柜组核算的内容	
122	3	4	4	3	正常损耗与差错率	
123	3	4	4	4	汽车配件销货日报表的填写	
	4				售后服务	
	4	1			客户关系管理	
	4	1	1		对客户进行分类	
124	4	1	1	1	对客户进行分类的意义	
125	4	1	1	2	对客户进行分类的方法	
	4	1	2		与客户联系	
126	4	1	2	1	与客户联系的意义	
127	4	1	2	2	与客户保持联系的方法	
128	4	1	2	3	与客户联系时应遵循的原则	
	4	1	3		客户档案建立与管理	
129	4	1	3	1	客户档案（资料卡）建立	
130	4	1	3	2	客户档案管理	
	4	2			汽车配件质保处理	
	4	2	1		汽车配件的分类	
131	4	2	1	1	消耗件	
132	4	2	1	2	易损件	
133	4	2	1	3	维修零件	

续表

职业（工种）名称					商品营业员（汽车配件）	等级	五级
职业代码							
序号	鉴定点代码				鉴定点内容	备注	
	章	节	目	点			
134	4	2	1	4	标准件		
135	4	2	1	5	安全件		
136	4	2	1	6	事故修复件		
	4	2	2		汽车配件消耗的规律和汽车维修制度		
137	4	2	2	1	汽车配件消耗的规律		
138	4	2	2	2	汽车维修制度		
139	4	2	2	3	日常维护		
140	4	2	2	4	一级维护		
141	4	2	2	5	二级维护		
142	4	2	2	6	车辆维修作业范围		
	4	2	3		汽车配件质保处理的方法		
143	4	2	3	1	质量保修		
144	4	2	3	2	向供货厂家进行质量保修项目		
145	4	2	3	3	质量保修申请单及填写方法		
	5				日常进货管理		
	5	1			日常进货管理		
	5	1	1		日常进货管理		
146	5	1	1	1	进货		
	5	1	2		选择与鉴别货源		
147	5	1	2	1	进货渠道		
148	5	1	2	2	货源鉴别		
149	5	1	2	3	识别假冒伪劣的配件产品		
150	5	1	2	4	目测汽车配件的质量		
	5	1	3		采购单据的填写		
151	5	1	3	1	采购单据的填写		
	5	2			配件入库验收		

续表

职业（工种）名称				商品营业员（汽车配件）	等级	五级
职业代码						
序号	鉴定点代码				鉴定点内容	备注
	章	节	目	点		
	5	2	1		入库业务	
152	5	2	1	1	入库业务	
153	5	2	1	2	配件入库验收的必要性	
154	5	2	1	3	汽车配件验收时初检的内容	
155	5	2	1	4	入库验收的依据	
156	5	2	1	5	验收的业务程序	
157	5	2	1	6	验收准备	
158	5	2	1	7	核对验收单证	
159	5	2	1	8	证件核对	
160	5	2	1	9	汽车配件验收的方法	
	6				汽车配件的保管	
	6	1			出入库管理	
	6	1	1		出入库管理	
161	6	1	1	1	出入库管理	
	6	1	2		入库管理	
162	6	1	2	1	建立汽车配件商品档案	
163	6	1	2	2	仓储配件的数量检查	
164	6	1	2	3	仓储配件的质量检查	
165	6	1	2	4	对仓储配件保管条件的检查	
166	6	1	2	5	对仓储配件计量器具安全的检查	
167	6	1	2	6	仓储配件检查中发现问题的处理	
168	6	1	2	7	配件商品出入库管理制度	
	6	1	3		汽车配件的出库与复核	
169	6	1	3	1	出库	
170	6	1	3	2	汽车配件的出库原则	
171	6	1	3	3	出库凭证手续	

商品营业员（汽车配件）（五级）

续表

职业（工种）名称					商品营业员（汽车配件）	等级	五级
职业代码							
序号	鉴定点代码				鉴定点内容		备注
	章	节	目	点			
172	6	1	3	4	对外、对内常用进出库凭证		
173	6	1	3	5	商品出库凭证的审核		
	6	2			汽车配件分区分类和编写货位		
	6	2	1		分区分类		
174	6	2	1	1	分区分类		
175	6	2	1	2	一般商品分区分类的方法		
176	6	2	1	3	按商品种类和性质分区分类		
177	6	2	1	4	按商品发往地区进行分区分类		
178	6	2	1	5	按商品危险性质进行分区分类		
179	6	2	1	6	汽车配件商品分区分类的注意事项		
	6	2	2		编写货位		
180	6	2	2	1	货位编号的方法		
181	6	2	2	2	货位编号的使用		
	6	3			货物堆码		
	6	3	1		堆码要求		
182	6	3	1	1	堆码要求		
183	6	3	1	2	货物的科学堆码技术		
184	6	3	1	3	对堆码商品与场地的要求		
185	6	3	1	4	堆码的技术要求		
186	6	3	1	5	汽车配件的堆码要求		
	7				电子商务和网店销售		
	7	1			电子商务基础		
	7	1	1		电子商务基础		
187	7	1	1	1	电子商务的概念		
188	7	1	1	2	电子商务的职能		
189	7	1	1	3	电子商务的分类		

续表

序号	职业（工种）名称 职业代码				商品营业员（汽车配件）	等级	五级
	鉴定点代码				鉴定点内容		备注
	章	节	目	点			
	7	2			网店功能		
	7	2	1		网店功能		
190	7	2	1	1	网店基础知识		
191	7	2	1	2	网店的类型		
192	7	2	1	3	网店前台功能		
193	7	2	1	4	网店后台功能		
	7	3			网点的开设与维护		
	7	3	1		第三方电子商务平台与交易模式		
194	7	3	1	1	第三方电子商务平台		
195	7	3	1	2	第三方电子商务平台的交易模式		
196	7	3	1	3	典型的第三方电子商务平台		
	7	3	2		在第三方商务平台上进行网店的开设与维护		
197	7	3	2	1	网店开设的前期准备		
198	7	3	2	2	网店店铺的装修		
199	7	3	2	3	网店的基本促销		
200	7	3	2	4	网店内容维护		

第3部分

理论知识复习题

职业道德及职业素质

一、判断题（将判断结果填入括号中。正确的填"√"，错误的填"×"）

1. 爱国、敬业、诚信、自由是公民个人层面的价值准则。（　）
2. 培育和践行社会主义核心价值观要坚持以人为本，促进人的全面发展的原则。（　）
3. 培育和践行社会主义核心价值观要抓住世界观、人生观、信念观这个总开关。（　）
4. 培育和践行社会主义核心价值观要从小抓起、从基层抓起。（　）
5. 国家用法律的权威来增强人们培育和践行社会主义核心价值观的自觉性。（　）
6. 道德实践活动，要以诚信建设为重点，加强社会公德、职业道德、家庭美德和个人品德教育。（　）
7. 应完善企业和个人信用记录，加大对失信行为的约束并减小惩戒力度。（　）
8. 职业道德不仅是从业人员在职业活动中的行为标准和要求，而且是企业对社会所承担的道德责任和义务。（　）
9. 想要获取更高的个人合法利益，就不能太讲职业道德。（　）
10. 企业的职工队伍必须具有良好的技术业务素质和良好的职业道德。（　）
11. 任何违法经营活动都将受到法律制裁。（　）
12. 同城结算就是指不在同一城镇内各单位之间发生经济往来而要求办理的现金结算。（　）

13. 同城结算的方式有支票结算、委托付款结算、托收无承付结算和同城托收承付结算等。（　）

14. 现金结算必须通过中介，买卖双方一手交钱，一手交货，当面钱货两清。（　）

15. 付款人委托银行或非银行金融机构（如邮局）将现金支付给收款人的方式也属于现金结算。（　）

16. 支票按其支付方式，可分为现金支票和汇账支票。（　）

17. 支票签发的金额没有限制，随便签多少都行。（　）

18. 从签发的次日算起，支票付款期为10天，到期日遇例假日顺延支票付款期为10天。（　）

19. 已签发的转账支票遗失，也可以向银行申请挂失。（　）

20. 机打发票的"开票日期"由系统自动生成，时间为开票当日，不能手工修改。（　）

21. 已填开的发票不得涂改、挖补、撕毁。（　）

22. 已经开具的发票存根联和登记簿在保存期满后，报税务机关后可以销毁。（　）

23. 用票单位或个人丢失发票后，需在报刊或电视等传播媒介上，公开声明作废。（　）

24. 增值税专用发票，统一由国家税务总局委托建设银行印钞造币总公司印制，其他任何单位和个人都不得私制专用发票的样式，或印制专用发票。（　）

25. 快递寄件人不得隐瞒或虚报内件的性质、品名、规格、数量、价值等真实情况。（　）

26. 在货物运输中，采用不同的运输方式，就有不同的运输货票。（　）

27. 运输货票不是会计凭证中的原始凭证。（　）

28. 产品质量法不适用于建设工程所发生的质量纠纷。（　）

29. 生产者不得生产国家明令淘汰的产品。（　）

30. 生产者在产品包装上必须标明英文的产品名称、厂名、厂址。（　）

31. 失效产品可以降价销售。（　）

32. 销售者应当采取措施，保证销售产品的质量。（　）

33. 对于某种关系到乘客人身安全的车用新产品,目前还没有制定国家和行业质量标准,生产厂家应当确保产品质量符合该厂的企业标准。（　　）

34. 《消费者权益保护法》中的消费者是指为生活消费需要购买、使用商品或者接受服务的个人。其权益受本法保护。而农民购买了冒牌农机轮胎就不能按《消费者权益保护法》的规定要求增加赔偿。（　　）

35. 网络交易平台提供者因受骗不能提供销售者或者服务者的真实名称、地址和有效联系方式的,消费者不可以向网络交易平台提供者要求赔偿。（　　）

36. 消费者自接受商品或者服务之日起6个月内发现有瑕疵,发生争议的,由消费者承担有关瑕疵的举证责任。（　　）

37. 经营者向消费者提供商品或者服务时,可以设定交易条件强制交易。（　　）

38. 经营者有侮辱诽谤、搜查身体、侵犯人身自由等侵害消费者或者其他受害人人身权益的行为,造成严重精神损害的,受害人可以要求精神损害赔偿。（　　）

39. 为了符合在商厦举办店庆特卖的规定,销售员可以在原来的标价上加注"优惠价"。（　　）

40. 《消费者权益保护法》规定：经营者提供商品或者服务有欺诈行为的,应当按照消费者的要求增加赔偿金额。增加赔偿的金额不足500元的,为500元。（　　）

41. 《中华人民共和国合同法》于1999年3月15日由九届全国人大二次会议通过,自1999年10月1日起施行。（　　）

42. 合同是当事人在意思表示一致的前提下自愿订立的。（　　）

43. 客户因紧急需要,委托卖车公司在12小时内完成异地上牌事宜,卖车公司同意代办,但是为了避免上牌风险,可以在合同中约定,在任何情况下不承担车损责任。（　　）

44. 口头合同容易引起异议,所以我国合同法并不认可该种合同形式。（　　）

45. 标的是合同权利义务指向的对象,只要当事人自愿,就可以根据其真实的需要设定标的物。（　　）

46. 合同一旦成立当事人之间便产生了权利关系。（　　）

47. 合同终止后,当事人还要履行"后合同义务"。（　　）

48. 我国的消防工作由国务院领导,由地方武警消防部队负责。（　　）

49. 汽油、液化石油气等残液可以倒入下水道。（   ）
50. 阴燃物质的通风条件改善后，会转变成有焰燃烧。（   ）
51. 燃烧必须具备着火源、可燃源、二氧化碳三个条件，三者缺一不可。（   ）
52. 汽配商场和库房内可以辟出一定的空间抽烟。（   ）
53. 塑料与汽油摩擦会产生静电。（   ）
54. 火灾发生时，一定要保持头脑清醒，正确判断，想办法逃生。（   ）
55. 一旦身上着火，应立即奔跑，利用风吹灭火苗。（   ）
56. 干粉灭火器扑灭液体火灾时，不要对准液面冲击，以防液体溅出造成灭火困难。
（   ）
57. 干粉灭火器适用于扑灭由可燃气体、酒精、木材等物品引起的初期起火。（   ）
58. 汽车配件商场须安装必要的防盗设施，如防盗门、防盗网、保险柜、红外线报警器等。（   ）
59. 工作人员长时间接触化学溶剂后要多喝开水，以湿润气管，增强排毒能力。（   ）
60. 根据我国相关标准，排在第一类的危险品是放射性物品。（   ）

二、单项选择题（选择一个正确的答案，将相应的字母填入题内的括号中）

1. 社会主义核心价值观在社会层面的价值取向是自由、（   ）、公正、法治。
   A. 平等   B. 诚信   C. 富强   D. 安定

2. 社会主义核心价值观在公民个人层面的价值准则是爱国、（   ）、诚信、友善。
   A. 平等   B. 富强   C. 敬业   D. 安定

3. 培育和践行社会主义核心价值观要坚持（   ），促进人的全面发展的原则。
   A. 以社会为本   B. 以人为本   C. 以文化为本   D. 以经济为本

4. 在经济发展中要做到讲社会责任、讲（   ）、讲守法经营、讲公平竞争、讲诚信守约。
   A. 社会效益   B. 经济效益   C. 干部效益   D. 环保效益

5. 诚实守信是做人的基本规范，要完善企业和个人的信用记录，健全覆盖全社会的（   ），加大对失信行为的约束和惩戒力度。
   A. 网络系统   B. 征信系统   C. 管理系统   D. 税务系统

6. 当今，要大力倡导以爱岗敬业、（　　）、办事公道、服务群众、奉献社会为主要内容的职业道德。

  A. 和谐社会 B. 诚实守信 C. 遵纪守法 D. 安定团结

7. 职业道德不仅是从业人员在职业活动中的行为标准，而且是本行业对社会所承担的道德、（　　）。

  A. 责任和义务 B. 习惯和品行 C. 主体和品行 D. 品行和义务

8. 良好的职业道德，可以创造良好的经济利益，有力地保障个人的（　　）。

  A. 权利义务 B. 合法利益 C. 生活质量 D. 社会地位

9. 吃苦耐劳、严于律己、认真负责、不懈怠、不懒散都是（　　）的具体表现。

  A. 守纪 B. 敬业 C. 诚信 D. 服务

10. 一切以消费者利益为出发点，想顾客所想，急顾客所急，最大限度地满足消费者的需求，这是汽配企业应强化的（　　）。

  A. 服务意识 B. 诚信意识 C. 守法意识 D. 竞争意识

11. （　　）结算是最常用的同城结算手段。

  A. 支票 B. 商业汇票 C. 现金 D. 银行汇票

12. 用现钞来进行的货币收付行为，称为（　　）。

  A. 结账 B. 现金结算 C. 结算 D. 付款

13. 支票是银行的（　　）办理结算或委托开户银行将款项支付给收款人的票据。

  A. 收款人签发给存款人 B. 存款人签发给银行

  C. 存款人签发给收款人 D. 收款人签发给银行

14. 支票适用于（　　）在同城或票据交换地区内的商品交易、劳务供应和其他款项的结算。

  A. 单位和商店 B. 个体经济户和企业

  C. 个人和企业 D. 单位、个体经济户和个人

15. 支票金额起点为（　　）元。

  A. 10 B. 50 C. 100 D. 500

16. 签发支票应使用（　　）填写。

A. 圆珠笔和铅笔　　　　　　　　B. 毛笔和铅笔

C. 碳素墨水笔和铅笔　　　　　　D. 毛笔或碳素墨水笔

17. 支票内容如有更改，必须由签发人加盖（　　）来证明。

   A. 公章　　　　　　　　　　　B. 预留银行印鉴

   C. 中国人民银行公章　　　　　D. 本人图章

18. 普通商业发票基本联次为三联：第一联为存根联，第二联为发票联，第三联为（　　）。

   A. 发货联　　　B. 记账联　　　C. 提货联　　　D. 运输联

19. 发票限于领购单位和个人自己填写，不准（　　）。

   A. 买卖、转借、转让、代开　　B. 买卖、自开

   C. 转借、自开　　　　　　　　D. 转让、保存

20. 未经（　　）批准，不得拆本使用发票。

   A. 企业领导　　B. 财务主管　　C. 税务机构　　D. 代理银行

21. 发票若开错，应将发票各联完整保留，并加盖（　　）章。

   A. 废弃　　　　B. 无效　　　　C. 作废　　　　D. 失效

22. 已经开具的发票存根联和登记簿在保存期满后，需报（　　）查验后方可销毁。

   A. 企业领导　　B. 财务主管　　C. 税务机构　　D. 代理银行

23. 增值税专用发票是专供一般纳税人（　　）使用的一种特殊发票。

   A. 销售货物或接受服务　　　　B. 应税劳务或接受服务

   C. 销售货物或应税劳务　　　　D. 接受服务或商品流通

24. 增值税纳税人只有在办理（　　）的认定手续后，才有资格申请领购增值税专用发票。

   A. 纳税人　　　B. 企业纳税登记　C. 一般纳税人　D. 企业营业执照

25. 快递寄件人必须如实地填写（　　）的姓名、地址和联系电话。

   A. 寄件人　　　　　　　　　　B. 收件人

   C. 寄件人和收件人　　　　　　D. 投递人

26. 快递寄件人必须如实地填写内件的品名、规格、数量、付费方式和（　　）。

   A. 具体要求　　B. 注意事项　　C. 内件质量　　D. 赔偿约定

27. 邮包收据也属于（　　）。

    A. 商业发票　　　B. 收据　　　C. 税票　　　D. 运输货票

28. 产品质量法是调整（　　）的过程中因产品质量所发生的经济关系。

    A. 流通、科研、计划　　　　　　B. 生产、消费、科研

    C. 生产、流通、消费　　　　　　D. 消费、计划、流通

29. 产品质量法不适用于（　　）所发生的产品质量纠纷。

    A. 牛奶　　　　　　　　　　　　B. 未经加工的原油

    C. 返修的汽车配件　　　　　　　D. 药品

30. 汽车轮胎的制造商在产品上必须标明（　　）。

    A. 建议零售价　　　　　　　　　B. 质量投诉电话

    C. 产品用途　　　　　　　　　　D. 产品规格

31. （　　）是销售者的质量责任和义务。

    A. 建立并执行进货验收制度，验明产品合格证明和其他标识

    B. 建立并执行进货验收制度，验明产品价格和数量

    C. 建立并执行进货签收制度，验明产品合格证明和其他标识

    D. 验明产品质量和其他质量标识，验明产品价格和数量

32. 企业在产品或者其包装上使用产品质量认证标志，应经（　　）认证合格。

    A. 国家质量管理部门　　　　　　B. 国家认可的认证机构

    C. 行业管理部门　　　　　　　　D. 企业委托的中介机构

33. 产品质量认证的对象是（　　），由企业自愿申请认证。

    A. 企业的质量管理人员　　　　　B. 企业

    C. 生产者或销售者　　　　　　　D. 产品

34. 经营者为消费者提供其生产、销售的商品或者服务，应当遵守（　　）。

    A. 消费者权益保护法　　　　　　B. 商标法

    C. 劳动合同法　　　　　　　　　D. 行政诉讼法

35. 消费者为生活消费需要购买、使用商品或者接受服务，其权益受（　　）的保护。

    A. 消费者权益保护法　　　　　　B. 商标法

C. 劳动合同法　　　　　　　D. 行政诉讼法

36. 消费者在购买、使用商品和接受服务时，享有人格尊严、民族风俗习惯得到尊重的权利，享有（　　）的权利。
    A. 个人信息依法得到保护　　B. 无理由退货
    C. 举证责任倒置　　　　　　D. 公益诉讼

37. 新修订的《消费者权益保护法》将消费者"拿证据维权"转换为经营者在一定时间内"自证清白"，实行（　　），化解了消费者举证难问题。
    A. 知情权　　B. 自主选择权　　C. 举证责任倒置　　D. 公平交易权

38. 《消费者权益保护法》规定：宾馆、商场、餐馆、银行、机场、车站、港口、影剧院等经营场所的经营者，应当对消费者尽到（　　）义务。
    A. 提供真实信息　　　　　　B. 安全保障
    C. 服务　　　　　　　　　　D. 接受监督

39. 经营者发现其提供的商品或者服务存在缺陷，有危及人身、财产安全，若采取召回措施的，（　　）应当承担消费者因商品被召回支出的必要费用。
    A. 生产厂　　B. 经营者　　C. 消费者　　D. 仲裁者

40. 《消费者权益保护法》规定：经营者提供商品或者服务有欺诈行为的，应当按照消费者的要求增加赔偿其受到的损失，增加赔偿的金额为消费者购买商品的价款或者接受服务的费用的（　　）倍。
    A. 1　　B. 2　　C. 3　　D. 4

41. 我国《合同法》所称的合同是（　　）的自然人、法人、其他经济组织之间设立、变更、终止民事权利义务关系的协议。
    A. 公司之间　　B. 经济主体　　C. 平等主体　　D. 平等单位

42. 我国《合同法》所称的合同是平等主体的自然人、法人、其他经济组织之间设立、变更、终止（　　）关系的协议。
    A. 公司权利义务　　　　　　B. 民事权利义务
    C. 企业权利义务　　　　　　D. 单位权利义务

43. 为竞标，甲、乙两公司订立信息调查委托合同，双方约定乙公司应在一周内收集到甲公司投标标书的主要内容，甲公司在订立合同时预付10万元调查费，提交标书内容时再付10万元，一周后乙公司按约定完成委托，甲公司拒绝支付10万元余款，甲公司违背了《合同法》（　　）原则。

  A. 平等   B. 公平   C. 诚实信用   D. 守法和公德

44. 根据《合同法》，合同内容应包括当事人的名称或者姓名、（　　）等条款。

  A. 地址、电话   B. 地址、法定代表人

  C. 住所   D. 代表人、账号

45. 买卖双方议定合同条款后约定6月4日签订购销合同，但是卖方于5月28日就送货上门，买方也验收了货物，此时该合同（　　）。

  A. 成立   B. 签收后成立   C. 不成立   D. 盖章后成立

46. 火灾扑灭后，起火单位应当按照公安消防机构的要求，（　　），如实提供火灾事故的情况。

  A. 保护现场，消除隐患   B. 接受事故调查，做检讨

  C. 消除隐患，接受事故调查   D. 保护现场，接受事故调查

47. 不容易发生易燃的物质是（　　）。

  A. 煤   B. 汽油   C. 布匹   D. 纸张

48. 在（　　）的建筑物内，不得设置员工集体宿舍。

  A. 设有车间   B. 设有仓库

  C. 设有车间或者仓库   D. 设有办公室

49. 资料显示，在火场丧生的80%的人是由于（　　）而死。

  A. 吸入毒雾   B. 窒息   C. 跳楼   D. 吸入毒雾或者窒息

50. 灭火器应该每（　　）进行一次检查。

  A. 半年   B. 3个月   C. 1年   D. 3年

51. 汽车配件仓库应制定并遵守本企业的（　　）制度，做好安全保卫工作。

  A. 人事   B. 安全防盗   C. 学习   D. 卫生

52. 汽车配件仓库要定期对库存配件进行（　　），防止配件被盗。

  A. 维修   B. 盘点   C. 对账   D. 卫生清洁

53. 长时间接触化学溶剂后要多喝开水,以湿润气管,增强(　　)能力。
   A. 排毒　　　　B. 消化　　　　C. 吸收　　　　D. 抗体

汽车配件的识别与选配

一、判断题(将判断结果填入括号中。正确的填"√",错误的填"×")

1. 进行汽车检修时的常用工具主要包括开口扳手、套筒扳手、火花塞套筒扳手、量缸表等。（　）

2. 游标卡尺是一种中等精度测量的量具。（　）

3. kg 是常用的长度计量单位。（　）

4. 1 m 等于 1 000 mg。（　）

5. 半轴、传动轴、冷却软管、空调软管等的计量单位是条。（　）

6. 汽车零部件使用的金属材料有黑色金属和有色金属两大类。（　）

7. 铸铁属于黑色金属。（　）

8. 发动机压缩比高的汽车,应选用牌号(辛烷值)较低的汽油。（　）

9. 汽车常用非金属材料包括橡胶件、塑料件和摩擦件等。（　）

10. 目前汽车上较为常用的玻璃有车用钢化玻璃和夹层玻璃两类。（　）

11. 在我国汽车保有量中,汽油车约占 75%,汽油仍然是汽车的主要燃料。（　）

12. 柴油分为重柴油和轻柴油,汽车发动机用的是重柴油。（　）

13. 柴油分为重柴油和轻柴油,汽车发动机用的是轻柴油。（　）

14. 加快培育和发展节能环保汽车是我国汽车产业健康可持续发展的必然选择。（　）

15. 机油品质的高低直接影响发动机的性能及使用寿命。（　）

16. 机油分全合成油和矿物油两大类。（　）

17. 发动机油的黏度级别以 6 个含 W 的低温黏度级号和 5 个不含 W 的高温黏度级号表示。（　）

18. 齿轮油要具有良好的低温流动性,以满足汽车传动齿轮在各种工况下能够润滑良好。（　）

19. 车辆齿轮油黏度中含 W 的是冬季用油，不含 W 的是夏季用油。　　　（　　）
20. 冷却液是冷却发动机的主要载体。　　　　　　　　　　　　　　　（　　）
21. 不同品牌的冷却液产品可以相互勾兑使用。　　　　　　　　　　　（　　）
22. 不同类型的制动液可以混合使用，不会出现制动液分层而失去制动作用的现象。

　　　　　　　　　　　　　　　　　　　　　　　　　　　　　　　　（　　）
23. 车用液力传动油（自动变速箱油）具有良好的液力传动、液压传动、润滑和冷却性能。　　　　　　　　　　　　　　　　　　　　　　　　　　　　　　（　　）
24. 国家规定，2005 年以后出厂的新车，不准使用 R-12 作为汽车空调制冷剂。（　　）
25. 2005 年以后出厂的新车，都使用 R134a 作为汽车空调制冷剂。　　　（　　）
26. 1886 年 1 月 29 日被认为是汽车的诞生日。　　　　　　　　　　　（　　）
27. 鱼形轿车高速行驶时产生的升力使车轮附着力减弱，稳定性差，因而马车形轿车开始逐步取而代之。　　　　　　　　　　　　　　　　　　　　　　　　（　　）
28. 中国第一汽车集团于 1960 年成立。　　　　　　　　　　　　　　　（　　）
29. 高尔夫是上海大众旗下的汽车品牌。　　　　　　　　　　　　　　　（　　）
30. 上海通用汽车旗下品牌有凯迪拉克、别克和雪佛兰。　　　　　　　　（　　）
31. 汽车轻载时最大爬坡能力称为爬坡度。　　　　　　　　　　　　　　（　　）
32. 轿车的主参数代号是发动机排量〔L〕。　　　　　　　　　　　　　（　　）
33. 国家标准《汽车产品型号编制规则》（GB 9417—1988）规定，国产汽车型号首部是识别企业的代号。　　　　　　　　　　　　　　　　　　　　　　　　（　　）
34. 国际上均使用 VIS 车辆识别代码对车辆进行编号。　　　　　　　　（　　）
35. 汽车由发动机、底盘、车身和电气设备组成。　　　　　　　　　　　（　　）
36. 车用汽油机一般都由五大机构和两大系统组成。　　　　　　　　　　（　　）
37. 柴油发动机与汽油发动机一样，都由两大机构和五大系统组成。　　　（　　）
38. 大多数汽车发动机都采用往复活塞式内燃机。　　　　　　　　　　　（　　）
39. 汽车发动机配气机构的作用是有规律地开启和关闭各气缸的进、排气门，使新鲜混合气及时进入气缸，而废气得以及时排出气缸。　　　　　　　　　　（　　）
40. 汽油机燃料供给系的功用是根据发动机各种不同工况的要求，配制一定数量和浓度

的可燃混合气，输入气缸，并在燃烧做功后，将其废气排到大气中去。　　　　(　　)

41. 柴油机的高压共轨系统是由高压油泵将高压燃油输送到公共供油管，通过公共供油管的油压实现精确控制。　　　　　　　　　　　　　　　　　　　(　　)

42. 机油滤清器有粗滤器和细滤器两种。　　　　　　　　　　　　　　　(　　)

43. 车轮、制动器、传动轴、保险杠等都属于底盘类汽车配件。　　　　(　　)

44. 汽车底盘接受发动机输出的动力，使汽车能正常行驶。　　　　　　(　　)

45. 保证汽车行驶平顺性是汽车行驶系的功用之一。　　　　　　　　　(　　)

46. 汽车转向系的功用是改变或恢复汽车的行驶方向。　　　　　　　　(　　)

47. 使用驻车制动器，有助于汽车在坡道上起步。　　　　　　　　　　(　　)

48. 蓄电池是汽车的辅助电源，向起动机或其他用电设备供电。　　　　(　　)

49. 点火线圈是产生点火所需低压电的装置。　　　　　　　　　　　　(　　)

50. 汽车信号系统的主要作用是向车辆发出警告或示意信号。　　　　　(　　)

51. 汽车的组合仪表为组合件，需整个更换。　　　　　　　　　　　　(　　)

52. 汽车车身是驾驶员的工作场所，不是装载货物和乘客的场所。　　　(　　)

53. 为了使汽车轻量化，绝大多数轿车车身都采用非承载式结构。　　　(　　)

二、单项选择题（选择一个正确的答案，将相应的字母填入题内的括号中）

1. 不能用作紧固或拆卸一般标准规格的螺母和螺栓的工具是（　　）。
   A. 套筒扳手　　　B. 钳子　　　C. 开口扳手　　　D. 梅花扳手

2. 适用于旋转部位很小或隐蔽较深处的六角螺母和螺栓的工具是（　　）。
   A. 套筒扳手　　　B. 扭力扳手　　C. 开口扳手　　　D. 梅花扳手

3. （　　）用来检验两个相互结合的表面之间间隙的大小。
   A. 游标卡尺　　　B. 塞尺　　　C. 千分尺　　　D. 量缸表

4. （　　）可以直接量出零件的内径、外径、宽度、长度等尺寸。
   A. 直尺　　　　　B. 卷尺　　　C. 游标卡尺　　　D. 多功能尺

5. 以下（　　）不是长度计量单位。
   A. cm　　　　　　B. m^2　　　C. km　　　　　　D. mm

6. L是常用的（　　）计量单位。

A. 长度　　　　　B. 面积　　　　　C. 容积　　　　　D. 质量

7. 汽车的载重量是 2 t，下列货物（　　）的重量是超重的。

　　A. 1 000 W　　　B. 2 563 kg　　　C. 1 000 N　　　D. 25 630 g

8. 汽车轮胎的规格：185/55 R 15 中 15 表示轮辋直径是（　　）。

　　A. 15 mm　　　B. 15 in　　　C. 15 ft　　　D. 15 cm

9. 汽车发动机总成的计量单位是（　　）。

　　A. 台　　　　　B. 只　　　　　C. 套　　　　　D. 组

10. 汽车配件配套出售的商品，如一级减速大小齿轮等的计量单位是（　　）。

　　A. 台　　　　　B. 只　　　　　C. 套　　　　　D. 组

11. 转向节、连杆、进气门、变速箱齿轮、曲轴、半轴花键、轴、蜗杆等都是选用（　　）制成的。

　　A. 合金结构钢　　　　　　　　　B. 普通碳素钢

　　C. 优质碳素结构钢　　　　　　　D. 碳素铸钢

12. 汽车上常用的拉杆、活塞销、轮胎螺栓等是选用（　　）材料制成的。

　　A. 球墨铸铁　　　　　　　　　　B. 普通碳素钢

　　C. 优质碳素结构钢　　　　　　　D. 碳素铸钢

13. 汽车上的轮胎、减振装置、软管、皮碗、密封带等配件都是橡胶件，一般能够满足耐热、（　　）、耐持久性等方面的要求。

　　A. 耐寒　　　　　B. 耐水　　　　　C. 耐油　　　　　D. 耐拉伸

14. 汽车上的仪表盘、转向盘、凸轮轴正时齿轮、蓄电池壳等配件都是由（　　）材料制成的。

　　A. 橡胶　　　　　B. 玻璃　　　　　C. 塑料　　　　　D. 软木

15. 汽车上的制动摩擦片、离合器摩擦片都是高摩擦系数件，主要用于（　　）、制动减速。

　　A. 传递动力　　　B. 减小摩擦　　　C. 减振　　　　　D. 耐油

16. 我国目前执行 GB 17930—1999《车用无铅汽油》这一（　　）国家标准。

　　A. 强制性　　　　B. 推荐性　　　　C. 志愿性　　　　D. 指导性

17. 我国目前执行 GB 252-2000《轻柴油》国家标准。国产轻柴油按（　　）划分牌号。

    A. 辛烷值　　　　B. 凝点　　　　C. 燃烧值　　　　D. 黏度

18. 国产轻柴油按凝点划分为 10 号、5 号、（　　）号、-10 号、-20 号、-35 号、-50 号七个牌号。

    A. 10　　　　B. 92　　　　C. 93　　　　D. 97

19. 润滑油牌号 5W-30 中，符号"W"代表（　　）。

    A. 黏度　　　　B. 冬季　　　　C. 等级　　　　D. 宽度

20. 加快培育和发展（　　）汽车，既是缓解燃油供应矛盾、减少尾气排放、改善大气环境的需要，也是未来和谐社会汽车的需求。

    A. 无铅汽油　　　　B. 节能环保　　　　C. 轻柴油　　　　D. 有铅汽油

21. 目前新能源汽车包括燃气汽车、燃料电池电动汽车、纯电动汽车（BEV）、液化氢能源动力汽车、混合动力汽车，以及（　　）汽车等，其废气排放量比较低。

    A. 太阳能　　　　B. 核能　　　　C. 水能　　　　D. 风能

22. 2014 年新一轮的新能源补贴政策规定，补贴资金拨付方式是由（　　）。

    A. 中央政府直接划拨至企业　　　　B. 中央政府直接划拨至地方财政
    C. 地方政府直接划拨至企业　　　　D. 中央政府直接划拨至行业协会

23. 全合成机油的更换周期一般是（　　）km。

    A. 1 000~3 000　　B. 3 000~5 000　　C. 8 000~10 000　　D. 10 000 以上

24. 矿物机油的更换周期一般是（　　）km。

    A. 1 000~3 000　　B. 3 000~5 000　　C. 8 000~10 000　　D. 10 000 以上

25. SAE 是发动机油的（　　）代号。

    A. 黏度　　　　B. 黏温特性　　　　C. 润滑性能　　　　D. 抗氧化性

26. 发动机油 SE-5W-30 中，数字"30"表示（　　）。

    A. 耐寒-5℃　　B. 耐热 30℃　　C. 耐寒-30℃　　D. 耐热 50℃

27. 国内汽油发动机油的代号已统一改用国际通用的"（　　）"代号。

    A. Q　　　　B. S　　　　C. B　　　　D. G

28. 主要用于汽车机械变速器、驱动桥齿轮和传动齿轮的润滑油是（　　）。

    A. 机油　　　　B. 齿轮油　　　　C. 防冻液　　　　D. 黄油

29. 车辆要按规定期限及时更换车辆齿轮油，一般换油里程为（　　）km。

    A. 1万～3万　　B. 3万～4.8万　　C. 5万～6万　　D. 6万以上

30. 冷却液在发动机冷却系统中循环流动，将发动机工作中产生的多余（　　）带走，使发动机能以正常工作温度运转。

    A. 热能　　　　B. 油污　　　　C. 杂质　　　　D. 噪声

31. 车辆发动机水箱冷却液必须定期更换，一般为（　　）年或行程30 000～40 000 km更换一次。

    A. 半　　　　　B. 1　　　　　C. 2　　　　　D. 3

32. 车辆发动机水箱冷却液出现（　　）时必须马上更换。

    A. 混浊　　　　B. 混浊或变色　　C. 变色　　　　D. 滴漏

33. 车辆制动液必须定期检查更换，一般为（　　）年或行程30 000 km更换一次。

    A. 半　　　　　B. 1　　　　　C. 2　　　　　D. 3

34. 汽车制动液（刹车油）是用于汽车液压制动装置中，传递（　　），以制止车轮转动的液体。

    A. 压力　　　　B. 热量　　　　C. 阻力　　　　D. 能力

35. 新型手动变速箱应该使用（　　）。

    A. 手动变速箱专用油（MTF）　　　B. GL-4产品

    C. 自动变速箱专用油（ATF）　　　D. 齿轮油

36. 各类车辆都一定要按制造厂家推荐的（　　）选用相应的液力传动油。

    A. 规格　　　　B. 型号　　　　C. 单位　　　　D. 品牌

37. 车辆使用过程中，变速箱内的零件会产生一定程度的磨损，铁粉会使油品（　　），使变速箱的工作效率大幅下降。

    A. 变黑　　　　B. 变稠　　　　C. 变清　　　　D. 变黑变稠

38. 国家规定，2000年后出产的新车，不准使用（　　）作为汽车空调制冷剂。

    A. R134a　　　B. R12　　　　C. R121　　　　D. D12

39. 进入大气的（　　）制冷剂不破坏地球的臭氧保护层。
   A. R134a　　　　B. 氟利昂　　　　C. 甲烷　　　　D. 天然气

40. （　　）是最早的量产汽车品牌，于1894年开始生产。
   A. 奥迪　　　　B. 道奇　　　　C. 奔驰　　　　D. 别克

41. 中国第一汽车集团公司主要车型有奥迪、（　　）、捷达、高尔夫、红旗等。
   A. 波罗　　　　B. 赛欧　　　　C. 飞度　　　　D. 宝来

42. 解放、奥迪、马自达6等车型都属于（　　）。
   A. 中国第一汽车集团　　　　　　B. 上海大众汽车有限公司
   C. 中国第二汽车集团　　　　　　D. 华晨汽车集团控股有限公司

43. 上海大众汽车有限公司主要车型有桑塔纳、桑塔纳2000、帕萨特、（　　）、高尔等。
   A. 波罗　　　　B. 赛欧　　　　C. 飞度　　　　D. 宝来

44. 上海大众汽车有限公司是（　　）合资的轿车生产企业。
   A. 中德　　　　B. 中美　　　　C. 中韩　　　　D. 中法

45. 上海通用汽车别克品牌主要车型有新君威、（　　）、新凯越、GL8公务车等。
   A. 迈锐宝　　　　B. 赛威　　　　C. 英朗　　　　D. 新赛欧

46. 上海通用汽车有限公司是（　　）合资的轿车生产企业。
   A. 中德　　　　B. 中美　　　　C. 中韩　　　　D. 中法

47. 汽车满载时的总质量，称为（　　）质量。
   A. 整车装备　　　　B. 最大总　　　　C. 最大装载　　　　D. 装载

48. 汽车平均燃料消耗量的单位是（　　）。
   A. L/km　　　　B. L/m　　　　C. L/100 m　　　　D. L/100 km

49. （　　）的主参数代号为车辆长度。
   A. 轿车　　　　B. 客车　　　　C. 货车　　　　D. 越野车

50. 乘用车的座位包括驾驶员在内最多不超过（　　）个座位。
   A. 7　　　　B. 9　　　　C. 16　　　　D. 5

51. 国产汽车型号首部是识别企业的代号，其中（　　）代表北京。
   A. SH　　　　B. BJ　　　　C. CA　　　　D. EQ

52. 国产汽车型号首部是识别企业的代号，其中（　　）代表南京。
    A. SH   B. BJ   C. NJ   D. EQ
53. 车辆识别代码的第一部分第一位字码是 L，表示产地为（　　）。
    A. 德国   B. 中国   C. 美国   D. 韩国
54. 在车辆识别码中，车辆年份在第（　　）部分。
    A. 4   B. 3   C. 2   D. 1
55. 汽车通常由发动机、底盘、（　　）和电气设备四部分组成。
    A. 车身   B. 曲柄连杆机构 C. 制动装置   D. 行驶系
56. 汽车通常由（　　）、车身、底盘和电气设备组成。
    A. 传动装置   B. 发动机   C. 行驶系   D. 制动装置
57. 柴油发动机的（　　）与汽油发动机不同。
    A. 混合气形成和点火方式   B. 配气机构和冷却方式
    C. 混合气形成和冷却方式   D. 冷却方式和点火方式
58. 汽车内燃机型号后部结构特征中的 F 表示（　　）。
    A. 水冷   B. 风冷   C. 凝汽冷却   D. 增压
59. 1E65F 表示（　　）、二冲程、缸径 65 mm、风冷、通用型发动机。
    A. 单缸   B. 四缸   C. 二缸   D. 六缸
60. 汽车内燃机型号中部的气缸布置符号"V"表示（　　）。
    A. V 型   B. 多缸直列   C. 单缸直列   D. 平卧型
61. 汽车发动机的作用是使输送其中的燃料燃烧而输出（　　）。
    A. 动力   B. 电力   C. 摩擦力   D. 阻力
62. 车用汽油发动机的两个机构是指（　　）机构和配气机构。
    A. 曲柄   B. 连杆   C. 传动   D. 曲柄连杆
63. 曲柄连杆机构是将（　　）而输出动力的机构。
    A. 活塞的旋转运动转变为曲轴的直线运动
    B. 活塞的直线往复运动转变为曲轴的旋转运动
    C. 活塞的直线往复运动转变为曲轴的直线运动

D. 活塞的旋转运动转变为曲轴的旋转运动

64. 活塞的主要作用是承受气缸内的气体压力，并通过活塞销传给连杆，以推动（　　）旋转。

  A. 气轮   B. 齿轮   C. 曲轴   D. 飞轮

65. （　　）的作用是刮除气缸壁上多余的机油。

  A. 气环   B. 油环   C. 密封环   D. 锁止环

66. 发动机配气机构中气门弹簧的作用是使气门关闭时与气门座保持（　　）运动。

  A. 垂直   B. 密合   C. 上下   D. 平行

67. 气门导管的主要作用是保证气门做（　　）运动。

  A. 旋转   B. 弧线   C. 直线   D. 曲线

68. （　　）的作用是将油箱中的汽油吸出，输送至喷油器。

  A. 汽油泵   B. 水泵   C. 机油泵   D. 汽油滤清器

69. （　　）的作用是除去汽油中的杂质和水分，以保证燃油系统的正常工作。

  A. 汽油泵   B. 汽油滤清器   C. 集滤器   D. 油压调节器

70. 柴油机的高压共轨部分由高压油泵、共轨和高压油管、（　　）、电控单元、各类传感器及执行器组成。

  A. 喷油器   B. 滤清器   C. 油箱   D. 油压调节器

71. 喷油器的作用是将柴油雾化成微小颗粒，并把它们分布到（　　）中。

  A. 气缸   B. 管道   C. 燃烧室   D. 雾化室

72. 冷却系的作用是维持（　　）在最适宜的温度下工作。

  A. 叶轮   B. 气缸   C. 活塞   D. 发动机

73. 发动机冷却系由散热器、（　　）、百叶窗、水泵及连接水管等组成。

  A. 水压控制器   B. 节温器   C. 温度控制器   D. 节温表

74. （　　）的作用是使冷却水循环。

  A. 发动机   B. 水泵轴承   C. 水泵   D. 叶轮

75. 机油泵的作用是压送机油并使其在（　　）系内循环。

  A. 润滑   B. 传动   C. 制动   D. 转向

76. 机油润滑方式有（　　）、飞溅润滑和油脂润滑。
   A. 压力润滑　　　B. 减压润滑　　　C. 循环润滑　　　D. 无压润滑

77. 汽车底盘由传动系、（　　）、行驶系和制动系四大部分组成。
   A. 转向系　　　B. 冷却系　　　C. 润滑系　　　D. 起动系

78. （　　）的功用是保证汽车起步平稳，保证传动系换挡工作平顺，防止传动系过载。
   A. 离合器　　　B. 变速器　　　C. 万向传动装置　　　D. 驱动桥

79. （　　）的功用是改变传动比，扩大驱动轮转矩和转速的变化范围。
   A. 离合器　　　B. 变速器　　　C. 万向传动装置　　　D. 驱动桥

80. 发动机前置前轮驱动的车辆传动系统省去了（　　）。
   A. 变速器　　　B. 万向传动装置　　　C. 半轴　　　D. 主减速器

81. 汽车悬架一般由弹性元件、导向装置和（　　）三部分组成。
   A. 减振器　　　B. 变速器　　　C. 转向器　　　D. 差速器

82. 轮胎可以分为斜交线轮胎和（　　）。
   A. 子午线轮胎　　　B. 天然橡胶轮胎　　　C. 合成橡胶轮胎　　　D. 尼龙轮胎

83. 轿车上普遍采用（　　）转向器。
   A. 循环球—齿条齿扇式　　　B. 循环球曲柄指销式
   C. 齿轮齿条式　　　D. 蜗杆曲柄指销式

84. 转向操纵机构主要由（　　）、转向轴、转向柱管、衬套等组成。
   A. 转向轴承　　　B. 转向盘　　　C. 转向节　　　D. 摇臂

85. 行车制动装置广泛采用液压制动或（　　）制动。
   A. 气压　　　B. 手　　　C. 脚　　　D. 电控

86. 轿车上全部采用（　　）制动。
   A. 气压　　　B. 混合　　　C. 液压　　　D. 水压

87. 蓄电池是一种电能与（　　）的转换装置。
   A. 动能　　　B. 化学能　　　C. 磁能　　　D. 势能

88. 蓄电池的正常使用寿命约（　　）×10 000 km。
   A. 1～2　　　B. 2～3　　　C. 3～4　　　D. 5 以上

89. 发动机正常工作时，汽车上的工作设备主要由（　　）供电。
    A. 蓄电池　　　B. 发电机　　　C. 电动机　　　D. 电压调节器

90. 交流发电机中最容易磨损的是（　　）。
    A. 电刷　　　B. 电刷弹簧　　　C. 风扇　　　D. 带轮

91. 交流发电机是汽车的主电源，与蓄电池（　　）。
    A. 并联　　　　　　　　　　　B. 串联
    C. 分开连接　　　　　　　　　D. 使用一根线连接

92. 电压调节器对（　　）输出的不稳定电压加以调节，使车用电气设备得到较稳定的电压。
    A. 蓄电池　　　B. 电动机　　　C. 发电机　　　D. 发动机

93. （　　）对发电机输出的不稳定电压加以调节，使车用电气设备得到较稳定的电压。
    A. 电流调节器　　B. 电压调节器　　C. 发动机　　　D. 蓄电池

94. 交流发电机的转子是由（　　）驱动的。
    A. 驱动轴　　　B. 发动机　　　C. 半轴　　　D. 水泵

95. 汽车上的起动机是驱动（　　）曲轴旋转的电力装置。
    A. 发电机　　　B. 发动机　　　C. 气缸　　　D. 离合器

96. 车用减速起动机的产品代号为（　　）。
    A. QDY　　　B. QDJ　　　C. QD　　　D. EQJ

97. 起动机由直流电动机、（　　）和控制装置三大部分组成。
    A. 电磁开关　　B. 传动机构　　C. 吸拉开关　　D. 分离机构

98. 蓄电池 12 V 低电压由点火线圈转换成（　　）V 左右的感应高压电，再分配给各火花塞。
    A. 10 000　　　B. 20 000　　　C. 30 000　　　D. 40 000

99. 火花塞在高温、高压下工作，受燃气强大冲击，属于（　　）。
    A. 易损件　　　B. 耐用件　　　C. 易耗件　　　D. 常用件

100. （　　）一般采用双丝灯泡，即远光和近光两个灯丝。
    A. 前照灯　　　B. 雾灯　　　C. 尾灯　　　D. 倒车灯

101. 汽车灯泡为（   ），是随车必备的配件之一。
    A．易耗件   B．耐用件   C．易损件   D．磨损件
102. 现代汽车仪表中最常见的指示仪表有转速表、（   ）、机油压力指示仪表及燃油消耗指示仪表等。
    A．车速表   B．电压指示仪表
    C．电流指示仪表   D．制动能量回收指示仪表
103. 现今轿车上使用的组合仪表都是（   ）仪表。
    A．机械式   B．电子式   C．综合式   D．普通式
104. 客车车身是（   ）结构。
    A．承载式   B．非承载式   C．半承载式   D．全承载式

销售基础

一、判断题（将判断结果填入括号中。正确的填"√"，错误的填"×"）

1. 我国商业行业由零售业、饮食业、服务业和修理业构成。（   ）
2. 汽车配件销售是汽车配件生产与消费的"中介"。（   ）
3. 汽车配件销售企业的主要作用就是满足汽车配件市场的消费需求。（   ）
4. 商品陈列突出的是商品，要使顾客方便购买。（   ）
5. 汽车配件零售门市的商品陈列有橱窗商品陈列、柜台货架商品陈列、架顶陈列、壁挂陈列和平地陈列等。（   ）
6. 汽配商场陈列的商品不一定要明码标价。（   ）
7. 商品陈列要使顾客选取商品方便，要有容量感，陈列用的道具要协调。（   ）
8. 汽车配件销售营业场地并不需要太大的空间，但需要合理布置。（   ）
9. 汽车按照用途可分为商用汽车、运输汽车和特种用途汽车三大类。（   ）
10. 广告的概念有广义与狭义之分，商业广告属于狭义广告。（   ）
11. 在门店营业前，营业员的工作准备就是对商品的准备。（   ）
12. 营业员迎客时，要站在既能照顾自己负责的柜台、货架上的商品，又易于观察顾客

并接近顾客的位置。( )

13. 货款合一的收款方式就是顾客当即付款、当即取货，钱货两清的收款方法。( )

14. 汽配零售商店的收款方式主要有货款合一、货款分责和自动售货自行结算。( )

15. 营业员送别顾客，其基本要求是亲切自然、用语恰当，但在繁忙的情况下，可以不予理会。( )

16. 消费者的需求按其形式可分为生存需求、享受需求和精神需求。( )

17. 顾客购物后的满足感体现在购物终了时的满足感和使用购买品时的满足感。( )

18. 社会交往的互惠原则包括物质和金钱两方面的互惠互利。( )

19. 现在人们常用名片代替自我介绍，一般发名片的顺序应是地位高的先把名片交给地位低的，年轻的先把名片交给年老的。( )

20. 汽配门市销售中，柜组分类一般有按品种系列分类和按车型系列分类两种。( )

21. 汽配门市销售按车型分工时可以与整车厂编印的配件样本目录一致。( )

22. 信函咨询优点是信息反馈迅速，有利于双方的交流与沟通。( )

23. 销售人员在介绍商品的同时，要全面介绍企业的售后服务政策，以吸引客户购买，但不必提供售后服务。( )

24. 顾客对商场服务的投诉主要是对营销员的服务质量、服务态度、服务方式、服务技巧等方面提出的批评与抱怨。( )

25. 顾客投诉时，接待人员应立刻与顾客讲道理，在最短的时间内得出结论。( )

26. 对于每一起客户投诉及其处理结果都要做记录。( )

27. 如果投诉要求不能成立，接待人员也不能以婉转的方式回绝客户。( )

28. 处理客户投诉的程序是：确定投诉处理的责任部门→判断投诉是否成立→记录投诉内容。( )

29. 在销售过程中，只有了解客户的心理，投其所"好"、投其所"需"，才有可能促成交易。( )

30. 成交信号是指顾客在接受推销过程中，有意无意流露出来的各种成交意向，销售员必须善于观察顾客的言行，捕捉各种成交信号，但不必急于促成交易。( )

31. "顾客以种种理由要求降低价格"是成交信号表现形式之一。（   ）

32. 销售员在购销汽车配件或用品时，会经常碰到一些口头契约，这在合同法中属于口头形式合同。（   ）

33. 对于有形商品，其质量是指标的的物理、化学、机械、生物等性质。（   ）

34. 销售人员在计算货款时，计价的整个过程都不应该让顾客看到。（   ）

35. 原始凭证根据经济业务活动的执行和完成情况来填制，不具有法律效力。（   ）

36. 原始凭证必须按照真实可靠、手续完备、内容完整、书写清楚、连续编号、及时填写的要求制作。（   ）

37. 发票是原始凭证，必须正确填写，若出现填错等现象，可以小心涂改。（   ）

38. 柜组核算用于考核整个柜组或个人的经济效益。（   ）

39. 柜组核算常采用"售价金额核算、实物负责制"的方法。（   ）

40. 差错是可以避免的，而正常损耗是不能或者很难避免的。（   ）

41. 销售笔数差错率是一定时期内的业务工作所产生的本期差错笔数与本期业务工作总笔数之和。（   ）

42. 汽车配件销货日报表内的货号及货名、数量、单位、单价、金额必须填写清晰、准确。（   ）

43. 对于异地结算的客户，以办完开出发票之日为准来填写汽车配件销货日报表中的年月日。（   ）

二、单项选择题（选择一个正确的答案，将相应的字母填入题内的括号中）

1. （   ）批发，通常是商品流通的起点。
   A. 中转　　　B. 口岸　　　C. 销地　　　D. 产地

2. 零售商业企业的职能包括（   ）职能、服务职能、协调职能、信息职能。
   A. 交易　　　B. 商业　　　C. 买卖　　　D. 实现

3. （   ）年，我国开始有了自己的汽车工业，汽车配件销售业也随之发展起来。
   A. 1956　　　B. 1960　　　C. 1966　　　D. 1970

4. （   ）和消费者是汽车配件的最终用户。
   A. 批发商　　　B. 维修站　　　C. 供应商　　　D. 零售商

5. 汽车配件销售企业的基本任务是：服务—盈利—（　　）—服务。

　　A. 扩大经营范围

　　B. 增加收益

　　C. 向国家缴纳税利

　　D. 扩大经营范围、增加收益、向国家缴纳税利

6. 下列属于汽车配件销售企业主要作用的是（　　）。

　　A. 扩大汽车配件经营范围　　　　B. 开发汽车配件新产品

　　C. 反馈市场信息，引导生产　　　D. 制定汽车配件销售制度

7. 商品陈列是以商品为主体，向顾客推荐商品的一种（　　）。

　　A. 推销方式　　　B. 销售方式　　　C. 买卖方式　　　D. 宣传方式

8. 商品陈列的优劣能影响整个销售区的气氛，影响（　　）。

　　A. 销售业绩　　　B. 销售员提成　　C. 交易量　　　D. 买卖

9. 橱窗陈列的商品一定要有（　　），体现出企业的特色。

　　A. 可看性　　　B. 代表性　　　C. 丰富性　　　D. 定位性

10. 对于季节性商品、新商品、畅销商品及质量较轻的配件一般采用（　　）。

　　A. 橱窗陈列　　　B. 架顶陈列　　　C. 壁挂陈列　　　D. 平地陈列

11. 便于顾客选购和营业员取放、盘点商品，以提高售货效率的陈列称为（　　）。

　　A. 分类分等　　　B. 明码标价　　　C. 定位定量　　　D. 连带商品系统

12. 把使用上有联系的商品陈列在一起，引起顾客的联想，以便于销售，这是陈列的（　　）要求。

　　A. 分类分等　　　B. 明码标价　　　C. 定位定量　　　D. 连带商品系统

13. 商品陈列时要根据商品的特征选取合适的摆放高度，一般高约（　　）m 处俗称"黄金线"。

　　A. 2　　　B. 1.25　　　C. 0.7~1　　　D. 0.3

14. 从销售角度来看，商品一般可分为畅销商品、（　　）、摆饰商品和滞销商品。

　　A. 高毛利商品　　B. 普通商品　　C. 季节性商品　　D. 新上市商品

15. 配件销售营业场地的布置要体现经销商（　　）的特征。

A. 灵活、专业　　　　　　　　B. 诚信、灵活

C. 务实、清洁　　　　　　　　D. 专业、诚信、务实

16. 配件销售营业场地的布置要能为顾客营造一种轻松愉快、（　　）的购物环境。

　　A. 看清商品　　B. 了解商品　　C. 充满信任　　D. 充满新奇

17. 客车按照（　　）分级。

　　A. 发动机排量　B. 汽车总质量　C. 汽车总长度　D. 发动机功率

18. 货车按照（　　）分级。

　　A. 发动机排量　B. 汽车总质量　C. 汽车总长度　D. 发动机功率

19. 商业广告的主要作用有（　　）、指导消费和有利竞争。

　　A. 传递信息　　B. 加强诚信　　C. 宣传商品　　D. 了解客户

20. 商业广告的主要作用有传递信息、（　　）和有利竞争。

　　A. 扩大销售　　B. 加强诚信　　C. 宣传商品　　D. 指导消费

21. 在门店营业前，营业员准备工作的内容有商品的准备、售货用具的准备、营业场地的清理和（　　）等。

　　A. 个人卫生　　B. 商品分类　　C. 商品补缺　　D. 整理商品

22. 在门店营业前，营业员要检查、准备售货用具中的计算器、复写纸、发货单等（　　）用品。

　　A. 计量　　　　B. 测试　　　　C. 计价　　　　D. 售货

23. 将商品从柜台、货架上取下来向客户介绍商品的全貌、性能和特点的过程，在销售中称为（　　）商品。

　　A. 介绍　　　　B. 展示　　　　C. 试用　　　　D. 对比

24. 营业员向顾客推荐商品，是（　　）的一种重要手段。

　　A. 促进销售、介绍企业　　　　B. 指导消费、介绍商品

　　C. 促进销售、指导消费　　　　D. 展示企业文化

25. （　　）是小型汽配零售商店的收款方式之一。

　　A. 货款合一　　　　　　　　　B. 货款分责

　　C. 自动售货自行结算　　　　　D. 代收代付

26. 营业员将商品递交给顾客的基本要求是（　　）、准确礼貌。
    A. 速度快　　　　B. 微笑准确　　　C. 主动递交　　　D. 被动递交

27. 营业员主动递交和（　　）是商品递交的基本要求。
    A. 准确无误　　　B. 速度快　　　　C. 亲切自然　　　D. 点头

28. 需求层次理论认为，（　　）是人类最高层次的需要。
    A. 尊重需求　　　B. 社交需求　　　C. 安全需求　　　D. 自我实现需求

29. 消费者的需求种类中，按需求的对象可分为物质需求和（　　）两大类。
    A. 精神需求　　　B. 生存需求　　　C. 享受需求　　　D. 发展需求

30. 顾客止步于某柜台商品前，说明他正处于（　　）购买心理过程的阶段。
    A. 注意　　　　　B. 兴趣　　　　　C. 联想　　　　　D. 比较

31. 顾客在柜台前注意商品价格和其他同类商品，说明他正处于（　　）购买心理过程的阶段。
    A. 注意　　　　　B. 兴趣　　　　　C. 联想　　　　　D. 比较

32. 销售员努力寻找商家与顾客双方利益的共同点，发展与顾客的长期合作关系，属于社交基本原则中的（　　）原则。
    A. 互惠　　　　　B. 平等　　　　　C. 信用　　　　　D. 相容

33. 人际交往中，人格一律平等，每个人都有自尊和被人尊重的权利。这是（　　）原则。
    A. 互惠　　　　　B. 平等　　　　　C. 信用　　　　　D. 相容

34. 客人走进商场门口时，营业员先向客人道一声（　　），再行鞠躬礼。
    A. "谢谢您"　　 B. "欢迎光临"　 C. "您久等了"　 D. "明白了"

35. "十四字"文明礼貌用语是：您、请、欢迎、对不起、（　　）、没关系、再见。
    A. 不客气　　　　B. 谢谢　　　　　C. 不必　　　　　D. 抱歉

36. 汽配销售柜组的经营分工有按品种系列和按（　　）系列之别。
    A. 车型　　　　　B. 功能　　　　　C. 品牌　　　　　D. 豪华

37. 汽配销售员在售货过程中的咨询服务内容有：介绍商品质量、商品特点、（　　）、商品生产工艺及向消费者提供市场信息。

A. 维修方法 B. 商品重量
C. 商品使用及保养方法 D. 供应特点

38. 汽配销售员在向客户介绍商品质量保修规定时，必须把保修年限、（   ）、费用承担等客户十分关心的问题讲清楚。

A. 保修日期 B. 付款方式 C. 承保范围 D. 供应特点

39. 汽配销售员在售货过程中的咨询服务内容有：介绍商品质量、（   ）、商品使用及保养方法、商品生产工艺及向消费者提供市场信息。

A. 质量保证 B. 付款内容 C. 商品特点 D. 工艺高低

40. 现场咨询的优点是（   ），有利于双方的交流与沟通。

A. 回答问题迅速 B. 解决问题迅速
C. 信息反馈缓慢 D. 信息反馈迅速

41. 销售员现场解答消费者提问的服务方式称为（   ）。

A. 信函咨询 B. 电话咨询 C. 上门咨询 D. 现场咨询

42. 随便许诺提供不能兑现的各种服务，将违反（   ）。

A. 产品质量法 B. 消费者权益保护法
C. 商标法 D. 劳动法

43. 一般售给用户的车辆，按当时的技术水平，其材料和制造质量均无缺陷，质量担保期从（   ）之日起算，为期12个月，公里数不计。

A. 购车款付清 B. 领取行车证 C. 取得牌照 D. 取得车辆

44. 客户投诉的内容可分为商品投诉、商场环境投诉和（   ）投诉。

A. 商场服务 B. 商场位置 C. 商品规格 D. 商场制度

45. 因装卸不当造成商品损失而引发的投诉是（   ）投诉。

A. 商场环境 B. 商场服务 C. 货物运输 D. 购销合同

46. 制定专门的投诉制度，确定投诉的范围与专职人员来管理与处理客户投诉，这是处理客户投诉时的（   ）原则。

A. 留档分析 B. 有章可循 C. 及时处理 D. 分清责任

47. 处理客户投诉时，要详细记录客户的全部投诉内容，其中不可忽略的有事件是何时发生的、有关的商品是什么、价格多少、（   ）、顾客希望以何种方式解决、顾客是否通情达理等。

  A. 当时的营业员是谁   B. 当时的柜组长是谁

  C. 当时的营业经理是谁   D. 当时与客户同来的朋友是谁

48. 在销售过程中，主要是通过（   ）逐渐弄清客户意图并引导其购买商品。

  A. 测试和交谈   B. 观察和测试   C. 观察和实验   D. 观察和交谈

49. 客户与销售人员讨价还价的异议称为（   ）分歧。

  A. 价格   B. 商品   C. 时间   D. 服务

50. 下列属于成交信号表现形式的是（   ）。

  A. 顾客对产品爱理不理   B. 顾客主动出示有关商品的情报和资料

  C. 顾客随便看看   D. 顾客对商品比较感兴趣

51. 口头合同的缺点是（   ），容易发生误会并产生争议、取证困难、不易分清责任。

  A. 没有凭证   B. 直接   C. 简洁快速   D. 现金结算

52. 用电话交谈方式确定相互权利义务关系的协议称为（   ）。

  A. 口头合同   B. 交易合同   C. 书面合同   D. 购销合同

53. 购销合同的内容由当事人约定，以下（   ）不是其主要条款。

  A. 产品形状   B. 标的   C. 数量   D. 质量

54. 汽配购销合同中的标的，一般是指成交汽车配件的（   ）。

  A. 品牌、品种或型号   B. 品牌、规格

  C. 品种、重量   D. 型号、规格

55. 计算货款的基本要求是：销售员必须做到一准、二快、三（   ）。

  A. 净   B. 清   C. 对   D. 亮

56. 为了避免误会，计价过程要（   ）进行。

  A. 在财务室   B. 在柜台前   C. 当着顾客的面   D. 背对着顾客

57. 作废的原始凭证要加盖作废戳记，连同存根一起（   ）。

  A. 销毁   B. 上交相关部门   C. 保存   D. 撕毁

58. 下列属于原始凭证的是（   ）。

A. 收据　　　　B. 清单　　　　C. 发票　　　　D. 存根

59. 在售货业务结束后，汽配销售员应向顾客出具（　　）。

A. 发票　　　B. 销售日报表　　C. 收据　　　　D. 清单

60. 识别现金真伪最简便的方法是（　　）。

A. 丈量法　　　B. 质感法　　　C. 观察法　　　D. 记忆法

61. 真币用纸优良，挺括、耐磨，有（　　）图案。

A. 水印　　　　B. 花纹　　　　C. 油印　　　　D. 清晰

62. 真币以（　　）印刷为主，版纹深，油层厚。

A. 水印　　　　B. 平版　　　　C. 凸版　　　　D. 凹版

63. 柜组核算是按照经济核算的原则和方法，以（　　）管理为基础进行的核算。

A. 定额　　　　B. 差额　　　　C. 错额　　　　D. 借额

64. 通过对柜组经济核算的分析，提出积极建议，可以提高柜组与个人的（　　）。

A. 经济效益　　B. 社会效益　　C. 奖励的比例　　D. 团结精神

65. 柜组核算的经济指标有销售额、经营品种、商品资金、（　　）、利润率等。

A. 资金流动率　B. 劳动效率　　C. 商品种类　　D. 销售成本

66. 汽车配件销售额是评价柜组经营成果的（　　），是核算其他各项指标的重要依据。

A. 基础指标　　B. 质量指标　　C. 库存金额指标　D. 管理水平指标

67. 正常损耗是指非人为因素造成的，即不可避免地在（　　）的损耗。

A. 一定限度之内　B. 一定限度之外　C. 无限度　　　D. 差错范围内

68. 对于同城结算的客户，以办完（　　）为准来填写汽车配件销货日报表中的年月日。

A. 委托银行收款手续之日　　　　B. 开出发票之日
C. 对方银行拨款之日　　　　　　D. 取得现金或支票

售后服务

一、判断题（将判断结果填入括号中。正确的填"√"，错误的填"×"）

1. 企业售后服务质量的好坏与产品的市场占有率无直接关系。　　　　（　　）

2. 汽车配件销售员与客户建立长久感情，最好的办法是与客户保持经常性的联系。
(   )

3. 汽车配件销售员在与客户成交后一段时间内，客户无问题，销售员就可以不与其保持联系了。
(   )

4. 与客户保持联系时，对于一般往来客户可定期或不定期召开座谈会。(   )

5. 总结客户的要求，这不但有助于汽车配件销售员确定自己的销售思路，也给客户提供了一个纠正自己购买意愿的机会。
(   )

6. 与客户进行联系时要给客户表述的机会，请客户提出他的需求。(   )

7. 建立客户档案一般采用卡片与电子文档的形式。(   )

8. 建立客户档案与售后服务的正确组织和实施无直接关系。(   )

9. 建立客户档案的目的在于及时与客户联系，了解客户的要求并对其做出答复。
(   )

10. 在汽车运行中，自然老化、失效和到期必须更换的零件属于易损件。(   )

11. 在汽车运行中，自然磨损而失效的零件属于消耗件。(   )

12. 汽车在一定的运行周期内必须更换的零件属于维修零件。(   )

13. 按国家标准设计与制造的零件属于基础件。(   )

14. 曲轴、缸体、缸盖在汽车使用寿命期内是不允许损坏的安全件。(   )

15. 由板材冲压、焊接成型并覆盖汽车车身的零件是安全件。(   )

16. 事故修复件是指汽车肇事时易损坏的零件。(   )

17. 汽车维护的基本任务是消除故障和损坏，恢复车辆的工作能力和完好状况。(   )

18. 车辆维护分为日常维护、一级维护、二级维护和三级维护。(   )

19. 日常维护的目的主要是维持车辆的车容和车况，使车辆处于完整和完好状况，以保证正常运行。
(   )

20. 在一级保养维护作业中，应根据需要更换发动机润滑油。(   )

21. 二级车辆维护不需要占用车辆一定的运行时间。(   )

22. 车辆的二级维护质量保证期为车辆行驶 5 000 km 或者 1 年。(   )

23. 车辆的零件修理是对因磨损、变形、损伤等而不能继续使用的零件进行的修理。
(   )

24. 更换轮胎作业,在车辆维修工作中不属于需申请的质量保修项目。（ ）

25. 汽车质量保修申请单上的"盖章"栏,应盖保修业务章。（ ）

二、单项选择题（选择一个正确的答案,将相应的字母填入题内的括号中）

1. 销售人员在汽车配件售出并到达消费者手中后,继续提供的各项服务称为（ ）。
   A. 售前服务　　B. 售中服务　　C. 售后服务　　D. 咨询服务

2. 为客户送货,属于（ ）服务。
   A. 售前　　B. 售后　　C. 售中　　D. 咨询

3. 资信状况好,经营作风好,经济实力强,长期交往,成交次数多,关系比较牢固的客户是（ ）。
   A. 基本往来客户　　　　B. 一般往来客户
   C. 普通往来客户　　　　D. 特殊往来客户

4. 与客户保持联系的常用方法是:经常翻阅客户档案,然后通过（ ）方式联系。
   A. 发信函　　B. 电话　　C. 座谈会　　D. 发电子邮件

5. 定期或不定期召开客户座谈会、在节日之际邮寄贺卡或礼品、邀请参加本企业的一些庆典或文化娱乐活动等与客户联系方式,优先考虑的是（ ）。
   A. 基本往来客户　　　　B. 一般往来客户
   C. 普通往来客户　　　　D. 特殊往来客户

6. 销售员与客户联系时多向客户提出问题,有利于（ ）。
   A. 确保完全理解客户的需求　　B. 让客户成为本公司的会员
   C. 确保销售员的销售业绩　　　D. 培养客户的兴趣

7. 客户档案的主要内容为客户名称、地址、邮政编码、（ ）。
   A. 联系电话　　B. 家庭状况　　C. 员工人数　　D. 上级主管

8. 客户的（ ）必须记录在其档案里。
   A. 购物内容与家庭状况　　B. 家庭状况与经济情况
   C. 付款情况与家庭状况　　D. 购物内容与付款情况

9. 汽车配件销售的客户档案内容增减与变动必须由（ ）及时进行。
   A. 销售员　　B. 部门经理　　C. 部门主管　　D. 专管员

10. 在汽车运行中，自然老化、失效和到期必须更换的零件属于（　　）。
    A. 消耗件　　　　B. 易损件　　　　C. 维修零件　　　　D. 事故修复件

11. 轮胎、蓄电池、电器零件、各种滤芯在汽车维修中都是（　　）。
    A. 易损件　　　　B. 消耗件　　　　C. 维修零件　　　　D. 事故修复件

12. 轮毂、制动鼓、制动盘、制动蹄等在汽车维修中都是（　　）。
    A. 基础件　　　　B. 事故修复件　　C. 易损件　　　　D. 标准件

13. 在汽车运行中，自然磨损而失效的零件属于（　　）。
    A. 消耗件　　　　B. 易损件　　　　C. 维修零件　　　　D. 事故修复件

14. 汽车在一定的运行周期内必须更换的零件属于（　　）。
    A. 消耗件　　　　B. 易损件　　　　C. 维修零件　　　　D. 事故修复件

15. 在一定的运行周期内，安全紧固件、转向节、半轴套管等汽车配件都属于（　　）的范畴。
    A. 基础件　　　　B. 事故修复件　　C. 维修件　　　　D. 标准件

16. 按国家标准设计与制造的零件属于（　　）。
    A. 基础件　　　　B. 标准件　　　　C. 安全件　　　　D. 优质件

17. 按（　　）标准设计与制造的零件属于标准件。
    A. 企业　　　　　B. 行业　　　　　C. 国家　　　　　D. 国际

18. （　　）是指在汽车使用寿命期内不允许损坏的零件。
    A. 基础件　　　　B. 事故修复件　　C. 安全件　　　　D. 标准件

19. 车窗玻璃、传动轴、水箱等在汽车维修中都是（　　）。
    A. 消耗件　　　　B. 易损件　　　　C. 事故修复件　　D. 基础件

20. （　　）在汽车维修中是事故修复件。
    A. 缸体　　　　　B. 水箱　　　　　C. 轮胎　　　　　D. 制动盘

21. 在汽车的整个使用期内，其使用、维护和修理费用约为汽车原值的（　　）倍。
    A. 2～3　　　　　B. 3～4　　　　　C. 4～6　　　　　D. 6～7

22. 汽车在（　　），零配件的损坏具有随机性、偶发性。
    A. 使用初期　　　　　　　　　　　B. 正常使用寿命期

C. 使用后期 D. 大修期

23. 我国现行的汽车维修制度，属于（　　）维修制度。
   A. 计划预防　　B. 计划强制　　C. 自愿预防　　D. 视情修理

24. 我国现行的汽车维修制度规定，车辆维修必须贯彻预防为主、定期检测、强制维护、（　　）的原则。
   A. 视情修理　　B. 强制修理　　C. 自愿修理　　D. 定期修理

25. 汽车的日常维护，由（　　）在每日出车前、行驶中和收车后进行。
   A. 驾驶员　　B. 专业修理工　　C. 专门人员　　D. 调度员

26. 汽车的日常维护，作业的核心内容是（　　）。
   A. 清洁和维修　　　　　　　B. 补给和重装
   C. 安全检视和维修　　　　　D. 清洁、补给和安全检视

27. 车辆的一级维护质量保证期为车辆行驶（　　）km 或者 10 日。
   A. 1 000　　B. 2 000　　C. 3 000　　D. 5 000

28. 车辆的一级维护除日常维护作业外，以（　　）、润滑、紧固为作业的中心内容。
   A. 清洁　　B. 检查　　C. 调整　　D. 检修

29. 二级维护作业内容除一级维护作业内容以外，以检查、（　　）为主，并拆检轮胎，进行轮胎换位。
   A. 调整　　B. 更换　　C. 清洁　　D. 紧固

30. 车辆维修按作业范围可分为车辆大修、（　　）、车辆小修和零件修理。
   A. 总成小修　　B. 总成大修　　C. 中修期　　D. 大修期

31. 汽车配件销售员要掌握客户的（　　）规律。
   A. 汽车维护和配件消耗　　　B. 总成和底盘大修
   C. 电器和车轮维护　　　　　D. 大、中修周期

32. 车辆的质量担保期一般从首次领取车辆行驶证或（　　）之日开始。
   A. 开具购车发票　　　　　　B. 办理汽车保险
   C. 办理车辆牌照　　　　　　D. 领取车辆

33. 车辆的质量担保期是由各厂家规定的，一般会给出两个数据，分别是时间和（　　）。

A. 行驶里程　　　B. 保修范围　　　C. 使用频率　　　D. 产品质量

34. 国家汽车"三包"政策规定，汽车保修期限不应低于3年或（　　）万km。

A. 5　　　　　　B. 6　　　　　　B. 9　　　　　　D. 10

35. 申请索赔的车辆须交维修站的（　　）检查鉴定。

A. 索赔员　　　B. 业务接待员　　C. 维修员　　　D. 销售员

36. 在保修期内，下列（　　）情况，厂家会认为不属于质量保修范围。

A. 用户擅自改变车辆用途　　　　B. 音响损坏

C. 门锁出现故障　　　　　　　　D. 离合器损坏

37. 汽车质量保修申请单上的"行驶里程"栏，必须填写保修车辆（　　）。

A. 里程表上的所有数字　　　　　B. 里程表上的整千米数

C. 里程表上的小数部分　　　　　D. 里程表上的个位数字

38. 汽车质量保修申请单上的"用户单位"栏，如果是公车填写用户单位，如果是私车填写（　　）。

A. 用户姓名　　　B. 用户身份证号　　C. 用车人姓名　　　D. 用车人身份证号

日常进货管理

一、判断题（将判断结果填入括号中。正确的填"√"，错误的填"×"）

1. 众多配件采购员的采购经验是走正门、货比货、不贪便宜。　　　　（　　）

2. "纯正部品"是进口汽车配件中的一个常用名称。　　　　　　　　（　　）

3. 可以通过检查有无原厂说明书、产品合格证、生产厂名、厂址等来判别配件的真伪。

（　　）

4. 顾客可以通过看包装上的商标、厂址、等级和防伪标志是否真实来辨别假冒伪劣产品。

（　　）

5. 看配件表面有无锈蚀、配件的防护表层是否完好是检查汽车配件质量的方法之一。

（　　）

6. 汽车配件的进货渠道一般有向汽车配件生产企业进货和向其批发企业进货两种，因

此进货凭证也分为两种。   （   ）

7. 从省内外购进的汽车配件常遇到的情况有两种：一种是货到单未到，另一种是单到款未到。   （   ）

8. 商品入库业务涉及供应商、承运商、保险公司及收货单位等当事人的权利和义务关系。
                                          （   ）

9. 收货单是收货单位向外提出索赔、退货、换货的依据。   （   ）

10. 配件入库时对货物的初检，就是检查外包装标识和包装完好情况。 （   ）

11. 对任何入库来说，对货物进行初检均是关键环节。   （   ）

12. 要根据企业对产品质量要求的标准，对汽车配件进行入库验收。   （   ）

13. 配件验收的业务程序可分为验收准备和实物验收两个步骤。   （   ）

14. 接收配件进行验收前要熟悉各项验收凭证、资料和有关验收要求。掌握汽车配件的到达时间、地点、品种和数量等，做到心中有数。   （   ）

15. 在整理、核实、查对配件入库验收凭证时，如果发现证件不齐或不符等情况，应与货主、提供单位、承运单位和有关业务部门及时联系解决。   （   ）

16. 核对供货单位提供的验收凭证，包括质量保证书、装箱单、码单、说明书、保修卡及合格证等内容。   （   ）

17. 当商品入库初检交接后，不必验收即可入库。   （   ）

二、单项选择题（选择一个正确的答案，将相应的字母填入题内的括号中）

1. 通常将汽车零部件、汽车标准件和汽车材料三种类型的产品统称为（   ）。
   A. 汽车部件   B. 汽车用品   C. 汽车配件   D. 汽车零件

2. "纯正部品"指的是各汽车厂（   ）生产的配件，而不是副厂或者配套厂生产的协作件。
   A. 原厂   B. 拆车厂   C. 许可生产厂   D. 协作厂

3. （   ）的外销件，其质量与原厂件没有区别，价格相对原厂件来说会低一些。
   A. 副厂   B. 配套厂   C. 许可生产厂   D. 协作厂

4. 对多年多批进货，并经使用未发现质量问题产品的供货单位，可采用（   ）方法进行货源鉴别。

A. 抽检几个关键项目 　　　　　　B. 免检
C. 所有项目全检 　　　　　　　　D. 对所有技术项目全检

5. "三无"产品是指在产品外包装或说明书上没有生产地址、（　　）、生产日期的产品。
   A. 保质期　　　B. 生产厂家　　　C. 配料成分　　　D. 使用方法

6. 凡是国外原厂生产的纯正部品，包装盒上均印有"GENUINE PARTS"或中文（　　）字样。
   A. 正部件　　　B. 纯部件　　　C. 进口部件　　　D. 纯正部件

7. 在选购配件之前，一定要弄清车辆型号、（　　），同时也要掌握选购配件的性能和参数。
   A. 保修年份　　　B. 生产厂家　　　C. 生产年份　　　D. 购买年份

8. 对"以旧充新"的翻新件，只要通过仔细观察，就可以发现如（　　）痕迹、未油漆处有油污等可疑处。
   A. 拆卸与敲打　　　B. 厂名不清　　　C. 参数改变　　　D. 性能改变

9. 正规厂商在汽车配件表面有硬印或（　　），并注明了零件的编号、型号、出厂日期等。
   A. 化学印记商标　　　B. 软印　　　C. 纸质商标　　　D. 合格证

10. 对各种壳体、缸体等铸造件，要检查是否有（　　）、黏砂、裂纹、形状尺寸不合格等铸造缺陷。
    A. 孔洞　　　B. 霉变　　　C. 磨损　　　D. 变质

11. 对于经过高频淬火处理的汽车零配件，其表面应呈现黑色、青色、黄色和（　　）。
    A. 红色　　　B. 白色　　　C. 橙色　　　D. 蓝色

12. 从省内外购进的汽车配件遇到（　　）时，可由仓库按实际到货验收后，凭随货同行单或实际验收数填制收货单。
    A. 货到款未到　　　B. 货到单未到　　　C. 单未到货未到　　　D. 单到款未到

13. 商品入库业务涉及供应商、（　　）、保险公司及收货单位等当事人的权利和义务关系。
    A. 生产企业　　　B. 承运商　　　C. 中间商　　　D. 调剂市场

14. 商品入库业务涉及供应商、承运商、保险公司及收货单位等当事人的（　　）关系。
    A. 权利和利益　　B. 金钱和义务　　C. 权利和义务　　D. 金钱和毛利

15. （　　）是收货单位向外提出索赔、退货、换货的依据。
    A. 收货单　　B. 验收记录　　C. 提货单　　D. 质量保修单

16. 验收就是根据验收依据和凭证，对入库的配件进行（　　）。
    A. 审核和监督　　B. 查收和检查　　C. 审核和查收　　D. 检查和促进

17. 配件入库对货物的初检，主要包括外包装标识和包装完好情况、大件数、外观质量受损情况及（　　）检查。
    A. 合同代码　　　　　　　　B. 品名规格
    C. 霉变、锈蚀和受潮情况　　D. 发货单位

18. 常见的入库凭证有产品入库单、（　　）、调拨单、退货通知单。
    A. 收料单　　B. 出库单　　C. 货卡　　D. 商品标识

19. 下列单据中属于常见的入库凭证有（　　）。
    A. 出库单　　B. 产品入库单　　C. 货卡　　D. 商品标识

20. 验收的业务程序是（　　）。
    A. 验收准备→核对验收单证→实物验收
    B. 验收准备→实物验收→核对验收单证
    C. 实物验收→核对验收单证→验收准备
    D. 核对验收单证→验收准备→实物验收

21. 进口配件或存货单位要求对配件进行质量检验时，要预先通知商检部门或（　　）到库进行质量检测。
    A. 采购部门　　B. 发货部门　　C. 检验部门　　D. 收货部门

22. 接收汽车配件前的验收准备，包括货位、（　　）、工具及人员的准备。
    A. 验收设备　　B. 发票　　C. 资金　　D. 货卡

23. 接收配件进行验收前要掌握汽车配件的（　　）等，做到心中有数。
    A. 到达时间、地点、品种和数量　　B. 到达车站
    C. 商品的重量　　　　　　　　　　D. 商品的规格

24. 核对验收单证就是对相关证件、资料进行对照核实、整理分类，然后（　　）。

   A. 以单核货，逐项对列、件件过目　　B. 以货核货

   C. 单货对列　　　　　　　　　　　D. 单据过目

25. 核对验收单证就是对相关证件、资料进行（　　），然后以单核货，逐项对列、件件过目。

   A. 对照核实、单据过目　　　　　　B. 整理分类、以货核货

   C. 单货对列　　　　　　　　　　　D. 对照核实、整理分类

26. 在整理、核实、查对配件入库验收凭证时，如果发现证件不齐或不符等情况，应与（　　）和有关业务部门及时联系解决。

   A. 货主、提供单位、承运单位　　　B. 货主、采购员

   C. 提供单位、业务员　　　　　　　D. 承运单位、司机

27. 审核验收依据包括业务主管部门或货主提供的（　　）、订货合同、协议书等。

   A. 发货单　　B. 发料单　　C. 退货单　　D. 收货单

28. 汽车配件常用的验收方法有点验数量、品种验收和（　　）。

   A. 审核单证　　B. 整理分类　　C. 质量验收　　D. 验收准备

29. 当商品入库交接后，仓库管理员要及时进行（　　）及精度验收，并进行质量送检。

   A. 重量、体积　　　　　　　　　　B. 数量、酸碱度

   C. 质量、数量与重量验收　　　　　D. 质量、酸碱度

汽车配件的保管

一、判断题（将判断结果填入括号中。正确的填"√"，错误的填"×"）

1. 仓库就是用来销售、储存和保管物资的场所。（　　）

2. 仓库管理是汽车配件销售企业为用户服务的一项重要内容。（　　）

3. 仓储配件的数量检查，就是查商品的数量是否准确。（　　）

4. 配件仓储中的质量检查，就是检查配件的技术证件是否齐全，证物是否相符。（　　）

5. 检查库内温、湿度是否符合要求，库房内外是否清洁卫生，这属于保管条件检查。
（　　）

6. 检查保管条件是否与各种商品的保管要求相符合，属于安全检查。（　　）

7. 配件仓库造成物品短少的主要原因是自然损耗。（　　）

8. 汽车配件库房的出入库管理制度因企业规模、经营范围的不同而不同，但基本内容大同小异。（　　）

9. 商品验收是仓储业务过程的最后一道工序。（　　）

10. 汽车配件出库应贯彻"先进先出、储陈推新""单据手续齐全""节约用料"的原则。
（　　）

11. 配件出库的凭证手续既要符合制度上的严密性，又要力求简便易行；既要便于经营，又要有利于仓库管理。（　　）

12. 对外销售配件企业仓库的进、出库凭证中，常用的有送货单和退货单两种。（　　）

13. 企业内部仓库的出库凭证常用的有送货单和退货单。（　　）

14. 出库凭证上的字迹必须清楚，无涂改，提货日期可以逾期。（　　）

15. 商品分区分类的管理方法，大致有按商品种类和性质管理、按商品发往地区管理和按商品作业的方便管理三种。（　　）

16. 对于贵重的汽配商品，只要专储，不需要指定专人保管。（　　）

17. 仓储汽配商品按商品发往地区进行分区分类管理的，具体做法是先按交通工具划分，再按到达站或港口的路线划分。（　　）

18. 仓储汽配商品按商品发往地区进行分区分类，虽然不分商品种类，但对危险品及性能相互抵触的商品，也应分别存放。（　　）

19. 按商品危险性质对汽配商品进行分区分类的方法主要适用于特种仓库如油漆仓库等的分类。（　　）

20. 消防灭火方法不同的商品可以在一起储存。（　　）

21. 仓库货位号的书写方法，在同一家企业的仓库必须一致。保管员、记账员必须使用仓库统编的货位号，对号收发货。（　　）

22. 妥善的堆码、苫垫是确保商品质量和提高仓库利用率的必要措施。（　　）

23. 商品堆码是根据商品的外形特征和保管要求，结合仓库设备条件，将商品（或货物）按一定规律堆成各种形状货垛的方法。（   ）

24. 为便于机械化操作，机电产品和仪器等物品，该打捆的须打捆。（   ）

25. 商品堆码要合理，垛形必须适合商品性质特点，便于货物保管保养。（   ）

26. 货垛不可阻塞通道或堆成死垛，以方便汽车配件出入库等操作。（   ）

二、单项选择题（选择一个正确的答案，将相应的字母填入题内的括号中）

1. 对仓库储存物资的（   ），叫作仓库管理。
   A. 合理保管和发货   B. 科学管理和盘点
   C. 合理保管和科学管理   D. 收、发货

2. 建立（   ）就是对配件出入库凭证和技术资料进行分类归档保存。
   A. 配件商品档案   B. 货卡   C. 运输标志   D. 发票存根

3. 仓库管理人员在对需入库的汽车配件验收合格后，就要对这些配件进行（   ）管理。
   A. 出库   B. 入库   C. 退货   D. 采购

4. 建立配件商品档案应（   ）。
   A. 一物一档   B. 一物多档   C. 多物一档   D. 同类物一档

5. 配件仓储中的查数量是查实物与账卡的记载是否准确，核对（   ）是否一致。
   A. 账与总账   B. 账、卡、物   C. 卡与领料单   D. 物与发货单

6. 配件仓储中的查（   ）是查实物与账卡的记载是否准确，核对账、卡、物是否一致。
   A. 用途   B. 标识卡   C. 货卡   D. 数量

7. 汽车配件仓储中，检查配件是否受潮、锈蚀、发霉、干裂、虫蛀、鼠咬，甚至变质等情况，属于（   ）检查。
   A. 质量   B. 数量   C. 保管条件   D. 计量工具

8. 汽车配件仓储中，（   ）是检查配件有无超过保管期限或有长期积压现象，检查在库配件质量有无变化等。
   A. 质量检查   B. 数量检查   C. 保管条件检查   D. 计量工具检查

9. 检查保管条件是否与各种商品的保管要求相符合,属于(　　)检查。

   A. 质量　　　　B. 数量　　　　C. 计量工具　　　D. 保管条件

10. 检查库房是否漏水、场地是否积水,属于(　　)检查。

    A. 质量　　　　B. 保管条件　　C. 计量工具　　　D. 数量

11. 检查汽配仓库里的各种安全措施和消防设备、器材是否符合安全要求,属于汽配仓储的(　　)检查。

    A. 质量　　　　B. 数量　　　　C. 安全　　　　　D. 计量工具

12. 检查仓库里的皮尺、磅秤等是否准确,属于配件仓储的(　　)检查。

    A. 计量工具　　B. 数量　　　　C. 保管条件　　　D. 质量

13. 检查汽配仓库建筑物是否损坏而影响商品储存,属于配件仓储的(　　)检查。

    A. 质量　　　　B. 数量　　　　C. 安全　　　　　D. 计量工具

14. 仓储配件检查时,对超过保管期或没有超过保管期但因质量要求不能继续存放的,应(　　)。

    A. 提出改进措施　　　　　　　B. 通知货主及时处理
    C. 更改保管期限　　　　　　　D. 丢弃货物

15. 配件商品有变质迹象或发生变质时,仓库应(　　),且查明原因,提出改进措施。

    A. 按维护保养要求处理　　　　B. 通知货主及时处理
    C. 更改保管期限　　　　　　　D. 丢弃货物

16. 汽车配件商品出入库管理制度的基本内容主要包括:设置专人管理、入库验收与登记作业要求、领用与归还及(　　)。

    A. 出库作业要求　　　　　　　B. 入库作业要求
    C. 退货作业要求　　　　　　　D. 换货作业要求

17. 汽车配件出入库管理中需要设置专人管理,主要负责物品的验收、入库、保养和(　　)工作。

    A. 采购　　　　B. 销售　　　　C. 退货　　　　　D. 出库

18. 商品出库是仓库根据(　　)部门开出的相关凭证,组织商品出库、发货的一系列工作的总称。

A. 销售   B. 采购   C. 批发   D. 销售或批发

19. 商品出库是（ ）业务过程的最后一道工序。

A. 采购   B. 仓储   C. 销售   D. 保养

20. 汽车配件出库应贯彻"（ ）""单据手续齐全""节约用料"的原则。

A. 先进后出、推陈储新   B. 先进先出、储陈推新

C. 后进先出、推陈储新   D. 先进先出、推陈储新

21. 仓库保管员要做到商品出库（ ）。

A. 准确   B. 及时   C. 准确及时   D. 先进后出

22. 办理配件出库的凭证手续，既要（ ），又要有利于仓库管理。

A. 便于经营   B. 便于操作   C. 人性化   D. 便于运输

23. 所有的汽配商品出库都必须有一定的（ ）。

A. 凭证手续   B. 制度   C. 入库单   D. 领导签字

24. 企业内部配件商品出库领料单上的"名称及规格""请领数量""（ ）"等栏目内容必须如实填写。

A. 实领数量   B. 编号   C. 用途   D. 总值

25. 对"白条"和手续不符的出库凭证，仓库应（ ）发货。

A. 允许   B. 拒绝

C. 经单位领导同意后可以   D. 有证人即可

26. 对自提商品出库，还需检查有无（ ）准许发货的签章。

A. 财务部门   B. 仓库人员   C. 单位领导   D. 主管领导

27. （ ）是商品保管保养的一种科学方法，也是仓储管理的一种制度。

A. 分块包干   B. 分块存储   C. 分区分类   D. 存储分类

28. 分区分类有利于商品的（ ）保管，可以避免不同性质的商品混存一处，相互影响。

A. 先后   B. 安全   C. 分批   D. 层次

29. 同类商品集中存放，有利于在安全的原则下（ ），从而节约仓库。

A. 化整为零   B. 存储方便   C. 集零为整   D. 安放自如

30. 储存周期不长、进出量较大的中转仓库或转运仓库，适合按（　　）进行分区分类储存汽配商品。

　　A. 商品危险性质　　　　　　　　B. 商品发往地区

　　C. 商品种类和性质　　　　　　　D. 商品作业的方便

31. 根据危险品本身具有的不同程度的易燃、易爆、毒害等特性，对汽配商品进行的分区分类是按（　　）分类的方法。

　　A. 商品危险性质　　　　　　　　B. 商品发往地区

　　C. 商品种类和性质　　　　　　　D. 商品作业的方便

32. 按照储存货物的性质，并以一个库房专门储存一类商品是按（　　）的分区分类方法。

　　A. 分类同区　　　　　　　　　　B. 商品危险性

　　C. 发往地区　　　　　　　　　　D. 单一货物专仓专储

33. 贵重商品最宜采用（　　）仓储方法，还要指定专人保管。

　　A. 单一货物专仓　　　　　　　　B. 分类分区

　　C. 同类同区　　　　　　　　　　D. 分类同区

34. 按商品发往地区进行分区分类储存汽配商品，主要适用于储存周期不长、进出量较大的（　　）仓库。

　　A. 危险品和贵重物品　　　　　　B. 备品或备件

　　C. 中转或转运　　　　　　　　　D. 整机和配件商品

35. 对危险品必须根据危险品本身具有的不同程度的易燃、易爆、毒害等特性进行分区分类储存，以免相互接触而发生（　　）等反应。

　　A. 燃烧、爆炸　　B. 燃烧　　　C. 爆炸　　　　D. 污染

36. 危险品仓库是根据商品本身具有的不同程度的（　　）等特性进行分区分类的。

　　A. 易燃　　　　　　　　　　　　B. 易爆

　　C. 毒害　　　　　　　　　　　　D. 易燃、易爆、毒害

37. 出入库频繁的配件商品，要尽量安排在（　　）处。

　　A. 靠近库门　　B. 靠近窗户　　C. 靠近墙面　　D. 库房深处

38. 汽车配件的分区分类应贯彻（　　）的原则。
    A. 安全、方便、节约　　　　　　B. 安全、可靠
    C. 美观、节约　　　　　　　　　D. 美观、方便

39. 汽车配件整个仓库的编号，要根据仓库的（　　）来安排。
    A. 布局、面积、整洁　　　　　　B. 建筑、面积、布局
    C. 建筑、结构、布局　　　　　　D. 结构、高度、整洁

40. 汽配仓储货场编号可以按进入仓库正门前进的方向，采用（　　）的顺序排列。
    A. 自右至左　　B. 自左至右　　C. 左单右双　　D. 左双右单

41. 汽配仓储货场编号可以按进入仓库正门前进的方向，再按（　　）分别编为大众汽车配件库、通用汽车配件库等。
    A. 汽车配件类别　B. 自左至右　　C. 左单右双　　D. 左双右单

42. 汽车配件入库时，保管员要根据汽车配件堆码位置，把货位号注明在（　　）上。
    A. 出库凭证　　B. 入库凭证　　C. 发票　　　　D. 领料单

43. 汽车配件出库时，保管员要把货位号注明在（　　）上，以便按号找货。
    A. 出库凭证　　B. 入库凭证　　C. 发票　　　　D. 货卡

44. 汽配仓库的"垫"是指在（　　）加衬垫物。
    A. 商品垛底　　B. 商品上　　　C. 货架上　　　D. 货卡上

45. 商品验收入库，根据仓库储存规划确定货位后，即应进行（　　）。
    A. 混合堆码　　B. 平铺苫垫　　C. 堆码或苫垫　D. 随意摆放

46. 合理的堆码能使商品（　　），保证商品质量的完好及储存安全。
    A. 不变形和不挥发　　　　　　　B. 不变质和不减少
    C. 不变形和不变质　　　　　　　D. 不损耗和不挥发

47. 合理的堆码能提高仓容的利用率，便于商品的（　　）。
    A. 保管和打扫　B. 收发和增值　C. 保管和收发　D. 保养

48. 货棚内堆码货品时须防止（　　），棚内两侧或四周必须有排水沟或管道。
    A. 雨雪渗漏　　B. 刮风下雨　　C. 太阳暴晒　　D. 温度过低

49. 货棚内堆码货品时，棚内地坪应高于棚外地面，最好铺垫（　　）。

A. 砂石并夯实　　　B. 泥土　　　　　C. 砂石　　　　　D. 黄沙

50. 商品堆码合理是指垛形必须适合商品性质特点，便于货物保管保养，并有利于货物的（　　）。

A. 先进先出　　　B. 先进后出　　　C. 后进先出　　　D. 进出方便

51. 商品堆码采用"五五化"，即码成（　　）的倍数，便于记数和发货。

A. 5　　　　　　B. 10　　　　　　C. 15　　　　　　D. 25

52. 汽车配件入库储存时，应按一定的要求存放，不许（　　）。

A. 任意平摊　　　　　　　　　　B. 任意堆叠
C. 任意平摊或堆叠　　　　　　　D. 置于货架上

53. 汽车配件的堆码，首先要保证（　　）的安全。

A. 人身、车辆　　　　　　　　　B. 汽配商品、贵金属
C. 仓库、楼板　　　　　　　　　D. 人身、汽配商品与仓库

电子商务和网店销售

一、判断题（将判断结果填入括号中。正确的填"√"，错误的填"×"）

1. 广义的电子商务是指在 Internet 上进行的交易及与交易直接相关的活动。（　　）

2. 狭义的电子商务是指对整个贸易活动实现电子化。（　　）

3. 网络订单的内容是产品名称与价格。（　　）

4. 按照商务活动的运作方式来分类，电子商务可以分为间接电子商务和直接电子商务。（　　）

5. 网店可以让消费者通过互联网浏览器完成商品的浏览、选购和下订单。（　　）

6. 网店可分为第三方网店和第二方网店。（　　）

7. 未注册用户将不能浏览网店的商品。（　　）

8. 网上购物的流程是会员注册→商品搜索选购→下订单→结算金额→选择送货方式→网上支付→购物完成→订单查询。（　　）

9. 网上购物的后台处理主要流程是客户订单→订单受理→库存查询→销售单生成→出

库确认→发货确认→结算。   （   ）
10. 在线商店的管理，要求网店每天12 h，每周7天提供全球性营销服务。 （   ）
11. 第三方电子商务平台既是买家，也是卖家。   （   ）
12. 第三方电子商务平台不是买家，也不是卖家。   （   ）
13. 团购也是第三方电子商务平台的交易模式。   （   ）
14. 淘宝网不是国内最著名的第三方电子商务平台之一。   （   ）
15. 慧聪网是以汽车配件与用品为主的第三方电子商务平台。   （   ）
16. 网点开设前的店铺经营项目选择至关重要。   （   ）
17. 网店店铺的装修不可委托专业网店设计人员来进行。   （   ）
18. 网店店铺装修的风格千变万化，但网页颜色搭配、页面加载时间和网页布局规划三个要素不容忽视。   （   ）
19. 新品信息应该放在店铺的尾页，以清晰、有序的方式展示出来。（   ）
20. 网店内容维护包括网店介绍、店铺公告、商品信息、促销信息和服务保障等内容。
                                                            （   ）
21. 网店介绍的文字内容属于正式的说明，应多掺杂网络流行的语言或符号。（   ）

二、单项选择题（选择一个正确的答案，将相应的字母填入题内的括号中）
1. 狭义的电子商务简称为（   ）。
   A. EC   B. EB   C. EDI   D. VAN
2. 电子商务的五个要素是：营销、订单、支付、（   ）和售后服务。
   A. 商品交付   B. 商品运输   C. 商品购买   D. 商品保管
3. 电子商务的支付更多地采取（   ）支付（如支付宝等）的手段完成。
   A. 第一方   B. 第二方   C. 第三方   D. 第四方
4. B2B、B2C、C2C是按电子商务的（   ）来分类的。
   A. 交易对象   B. 依托的信息网络
   C. 承担的责任和角色   D. 商业活动运作方式
5. 淘宝网是最典型的（   ）电子商务平台。
   A. 垂直类   B. 汽配商品类 C. 区域   D. 综合类

6. 网店可以让消费者通过互联网浏览器完成商品的（　　）。

　　A. 浏览和付款　　　　　　　　B. 选购和付款

　　C. 下订单和选商店　　　　　　D. 浏览、选购和下订单

7. （　　）是指网络消费者登录网店以后看到的界面。

　　A. 网店前台　　B. 网店后台　　C. 网店仓库　　D. 网店货柜

8. 第三方平台网店是指在第三方（　　）平台上建立起来的网店。

　　A. 商务管理　　B. 计划文件　　C. 电子商务　　D. 销售管理

9. （　　）是由企业自己建立起来的独立运作的网店。

　　A. 商务网店　　B. 独立网店　　C. 电子网店　　D. 销售网店

10. 可浏览商品，并可将商品放入购物篮，但无法进行结账的用户是（　　）。

　　A. 已注册用户　　B. 未注册用户　　C. 新会员　　D. 老会员

11. 提高客户的满意度是保持（　　）的前提。

　　A. 网店收入　　B. 企业收入　　C. 客户忠诚　　D. 客户人数

12. 企业、商家可充分利用（　　）电子商务平台提供的网络基础设施、支付平台、安全平台、管理平台等共享资源，有效地、低成本地开展自己的商业活动。

　　A. 第一方　　B. 第二方　　C. 第三方　　D. 第四方

13. 电子商务平台常用的B2B交易模式是指（　　）。

　　A. 商家对商家　　B. 商家对个人　　C. 个人对个人　　D. 团购

14. 电子商务平台常用的B2C交易模式是指（　　）。

　　A. 商家对商家　　B. 商家对个人　　C. 个人对个人　　D. 团购

15. 电子商务平台常用的C2C交易模式是指（　　）。

　　A. 商家对商家　　B. 商家对个人　　C. 个人对个人　　D. 团购

16. 天猫（原淘宝商城）是（　　）第三方电子商务平台。

　　A. B2B　　B. B2C　　C. C2C　　D. 团购

17. 阿里巴巴是（　　）第三方电子商务平台。

　　A. B2B　　B. B2C　　C. C2C　　D. 团购

18. 慧聪网是（　　）第三方电子商务平台。

A. B2B B. B2C C. C2C D. 团购

19. （　　）不包括在网点开设的前期准备工作之内。
    A. 准备商品资料 B. 租用图片空间 C. 公告图片 D. 处理订单

20. （　　）不包括在网点开设的前期准备工作之内。
    A. 网店素材的收集 B. 设计店铺模板
    C. 选择商品介绍的模板 D. 处理订单

21. 网店店铺装修不容忽视的三个要素不包括（　　）。
    A. 店铺经营项目选择 B. 网页颜色搭配
    C. 页面加载时间 D. 网页布局规划

22. 为了让顾客能检索到网店销售的商品，首先要（　　）。
    A. 设置商品的类别与关键词 B. 店内商品分类导航
    C. 页面加载时间 D. 网页布局规划

23. "每周登录新品""每月特惠促销"等都是店铺以（　　）推介新品、进行促销的方法。
    A. 固定频率或时间定期 B. 固定频率或时间不定期
    C. 固定频率或时间随意 D. 固定频率或时间突发

24. 网店内容中维护最频繁的部分是（　　）。
    A. 网店介绍 B. 店铺公告 C. 商品信息 D. 促销信息

第4部分 操作技能复习题

常用汽车配件与车标识别

一、常用汽车配件与车标识别——选择汽车发动机类配件（试题代码：1.1.1；考核时间：3 min）

1. 试题单

（1）场地设备要求

1) 货架上放置汽车配件 24 件（发动机类、底盘类、电器类、车身类各 6 件）。

2) 课桌椅 2 套。

3) 答题卷及水笔 1 支（考生答题用）。

（2）工作任务

1) 考生从 24 件配件中正确选出发动机类的配件。

2) 在答题卷上写出所选配件的编号。

（3）技能要求

1) 从实物中选择该类配件。

2) 在答题卷上选择所选配件的编号。

（4）质量指标

1) 实物选择正确。

2) 答题卷所填配件的编号正确。

2. 评分表

试题名称及编号			1.1.1 常用汽车配件与车标识别——选择汽车发动机类配件		考核时间			3 min	
评价要素	配分	等级	评分细则		评定等级				得分
					A	B	C	D	E	
选择正确	15	A	选对 6 件并正确表述出名称						
		B	选对 5 件并正确表述出名称						
		C	选对 4 件并正确表述出名称						
		D	选对 1~3 件并正确表述出名称						
		E	未答题						
合计配分	15		合计得分						

等级	A（优）	B（良）	C（及格）	D（较差）	E（差或未答题）
比值	1.0	0.8	0.6	0.2	0

"评价要素"得分＝配分×等级比值。

二、常用汽车配件与车标识别——选择汽车底盘类配件（试题代码：1.1.2；考核时间：3 min）

1. 试题单

（1）场地设备要求

1）货架上放置汽车配件 24 件（发动机类、底盘类、电器类、车身类各 6 件）。

2）课桌椅 2 套。

3）答题卷及水笔 1 支（考生答题用）。

（2）工作任务

1）考生从 24 件配件中正确选出底盘类的配件。

2）在答题卷上写出所选配件的编号。

（3）技能要求

1）从实物中选择该类配件。

2）在答题卷上选择所选配件的编号。

（4）质量指标

1）实物选择正确。

2) 答题卷所填配件的编号正确。

2. 评分表

试题名称及编号		1.1.2 常用汽车配件与车标识别——选择汽车底盘类配件		考核时间				3 min	
评价要素	配分	等级	评分细则	评定等级					得分
				A	B	C	D	E	
选择正确	15	A	选对6件并正确表述出名称						
		B	选对5件并正确表述出名称						
		C	选对4件并正确表述出名称						
		D	选对1~3件并正确表述出名称						
		E	未答题						
合计配分	15		合计得分						

等级	A（优）	B（良）	C（及格）	D（较差）	E（差或未答题）
比值	1.0	0.8	0.6	0.2	0

"评价要素"得分＝配分×等级比值。

三、常用汽车配件与车标识别——选择汽车电器类配件（试题代码：1.1.3；考核时间：3 min）

1. 试题单

（1）场地设备要求

1）货架上放置汽车配件24件（发动机类、底盘类、电器类、车身类各6件）。

2）课桌椅2套。

3）答题卷及水笔1支（考生答题用）。

（2）工作任务

1）考生从24件配件中正确选出电器类的配件。

2）在答题卷上写出所选配件的编号。

（3）技能要求

1）从实物中选择该类配件。

2）在答题卷上选择所选配件的编号。

(4) 质量指标

1) 实物选择正确。

2) 答题卷所填配件的编号正确。

2. 评分表

试题名称及编号		1.1.3 常用汽车配件与车标识别——选择汽车电器类配件			考核时间			3 min	
评价要素	配分	等级	评分细则		评定等级				得分
				A	B	C	D	E	
选择正确	15	A	选对 6 件并正确表述出名称						
		B	选对 5 件并正确表述出名称						
		C	选对 4 件并正确表述出名称						
		D	选对 1~3 件并正确表述出名称						
		E	未答题						
合计配分	15		合计得分						

等级	A（优）	B（良）	C（及格）	D（较差）	E（差或未答题）
比值	1.0	0.8	0.6	0.2	0

"评价要素"得分＝配分×等级比值。

四、常用汽车配件与车标识别——选择汽车车身类配件（试题代码：1.1.4；考核时间：3 min）

1. 试题单

(1) 场地设备要求

1) 货架上放置汽车配件 24 件（发动机类、底盘类、电器类、车身类各 6 件）。

2) 课桌椅 2 套。

3) 答题卷及水笔 1 支（考生答题用）。

(2) 工作任务

1) 考生从 24 件配件中正确选出车身类的配件。

2) 在答题卷上写出所选配件的编号。

(3) 技能要求

1) 从实物中选择该类配件。

2) 在答题卷上选择所选配件的编号。

（4）质量指标

1) 实物选择正确。

2) 答题卷所填配件的编号正确。

2. 评分表

试题名称及编号		1.1.4 常用汽车配件与车标识别——选择汽车车身类配件			考核时间			3 min	
评价要素	配分	等级	评分细则	评定等级					得分
				A	B	C	D	E	
选择正确	15	A	选对6件并正确表述出名称						
		B	选对5件并正确表述出名称						
		C	选对4件并正确表述出名称						
		D	选对1～3件并正确表述出名称						
		E	未答题						
合计配分	15		合计得分						

等级	A（优）	B（良）	C（及格）	D（较差）	E（差或未答题）
比值	1.0	0.8	0.6	0.2	0

"评价要素"得分＝配分×等级比值。

五、常用汽车配件与车标识别——识别汽车轮胎A（试题代码：1.2.1；考核时间：5 min）

1. 试题单

（1）场地设备要求

1) 台架子上放置10条不同品牌（邓禄普、佳通、回力、玛吉斯、马牌、韩泰、锦湖、固特异、普利司通、米其林）、不同规格的轿车轮胎。

2) 课桌椅2套。

3) 答题卷及水笔1支（考生答题用）。

（2）工作任务

1) 在实物中找出邓禄普、佳通、回力3条轮胎。

2) 找出邓禄普轮胎的规格标记。

3）在答题卷上填写答案。

(3) 技能要求

1) 在答题卷上写出邓禄普、佳通、回力 3 条轮胎的编号。

2) 在答题卷上写出邓禄普轮胎规格的含义。

(4) 质量指标

正确表述轮胎的品牌名称及规格含义。

2. 评分表

试题名称及编号		1.2.1 常用汽车配件与车标识别——识别汽车轮胎 A			考核时间		5 min		
评价要素		配分	等级	评分细则	评定等级				得分
					A	B	C	D	E	
1	识别轮胎品牌	5	A	选对 3 条并正确表述出名称，并找出邓禄普轮胎的规格标记						
			B	选对 2 条并正确表述出名称，并找出邓禄普轮胎的规格标记						
			C	选对 2 条并正确表述出名称						
			D	选对 1 条并正确表述出名称						
			E	未答题						
2	识别轮胎规格（宽度、扁平比、子午线结构、钢圈直径、载重系数、速度等级）	10	A	答对 6 个要素的含义、数值及对应单位						
			B	答对 5 个要素的含义、数值及对应单位						
			C	答对 4 个要素的含义、数值及对应单位						
			D	答对 3 个及以下要素的含义、数值及对应单位						
			E	未答题						
合计配分		15		合计得分						

等级	A（优）	B（良）	C（及格）	D（较差）	E（差或未答题）
比值	1.0	0.8	0.6	0.2	0

"评价要素"得分＝配分×等级比值。

六、常用汽车配件与车标识别——识别汽车轮胎 B（试题代码：1.2.2；考核时间：5 min）

1. 试题单

(1) 场地设备要求

1) 台架子上放置 10 条不同品牌（邓禄普、佳通、回力、玛吉斯、马牌、韩泰、锦湖、固特异、普利司通、米其林)、不同规格的轿车轮胎。

2) 课桌椅2套。

3) 答题卷及水笔1支(考生答题用)。

(2) 工作任务

1) 在实物中找出玛吉斯、马牌、韩泰3条轮胎。

2) 找出玛吉斯轮胎的规格标记。

3) 在答题卷上填写答案。

(3) 技能要求

1) 在答题卷上写出玛吉斯、马牌、韩泰3条轮胎的编号。

2) 在答题卷上写出玛吉斯轮胎规格的含义。

(4) 质量指标

正确表述轮胎的品牌名称及规格含义。

2. 评分表

试题名称及编号			1.2.2 常用汽车配件与车标识别——识别汽车轮胎B		考核时间			5 min	
评价要素	配分	等级	评分细则	评定等级					得分
				A	B	C	D	E	
1	识别轮胎品牌	5	A	选对3条并正确表述出名称,并找出玛吉斯轮胎的规格标记					
			B	选对2条并正确表述出名称,并找出玛吉斯轮胎的规格标记					
			C	选对2条并正确表述出名称					
			D	选对1条并正确表述出名称					
			E	未答题					
2	识别轮胎规格(宽度、扁平比、子午线结构、钢圈直径、载重系数、速度等级)	10	A	答对6个要素的含义、数值及对应单位					
			B	答对5个要素的含义、数值及对应单位					
			C	答对4个要素的含义、数值及对应单位					
			D	答对3个及以下要素的含义、数值及对应单位					
			E	未答题					
合计配分		15	合计得分						

等级	A（优）	B（良）	C（及格）	D（较差）	E（差或未答题）
比值	1.0	0.8	0.6	0.2	0

"评价要素"得分＝配分×等级比值。

七、常用汽车配件与车标识别——识别汽车轮胎C（试题代码：1.2.3；考核时间：5 min）

1. 试题单

（1）场地设备要求

1）台架子上放置10条不同品牌（邓禄普、佳通、回力、玛吉斯、马牌、韩泰、锦湖、固特异、普利司通、米其林）、不同规格的轿车轮胎。

2）课桌椅2套。

3）答题卷及水笔1支（考生答题用）。

（2）工作任务

1）在实物中找出锦湖、固特异、普利司通3条轮胎。

2）找出锦湖轮胎的规格标记。

3）在答题卷上填写答案。

（3）技能要求

1）在答题卷上写出锦湖、固特异、普利司通3条轮胎的编号。

2）在答题卷上写出锦湖轮胎规格的含义。

（4）质量指标

正确表述轮胎的品牌名称及规格含义。

2. 评分表

试题名称及编号			1.2.3 常用汽车配件与车标识别——识别汽车轮胎C		考核时间			5 min	
评价要素	配分	等级	评分细则		评定等级				得分
					A	B	C	D	E	
1 识别轮胎品牌	5	A	选对3条并正确表述出名称，并找出锦湖轮胎的规格标记							
		B	选对2条并正确表述出名称，并找出锦湖轮胎的规格标记							

续表

试题名称及编号		1.2.3 常用汽车配件与车标识别——识别汽车轮胎C			考核时间			5 min	
评价要素	配分	等级	评分细则	评定等级					得分
				A	B	C	D	E	
2	识别轮胎规格（宽度、扁平比、子午线结构、钢圈直径、载重系数、速度等级）	10	C	选对2条并正确表述出名称					
			D	选对1条并正确表述出名称					
			E	未答题					
			A	答对6个要素的含义、数值及对应单位					
			B	答对5个要素的含义、数值及对应单位					
			C	答对4个要素的含义、数值及对应单位					
			D	答对3个及以下要素的含义、数值及对应单位					
			E	未答题					
合计配分	15		合计得分						

等级	A（优）	B（良）	C（及格）	D（较差）	E（差或未答题）
比值	1.0	0.8	0.6	0.2	0

"评价要素"得分=配分×等级比值。

八、常用汽车配件与车标识别——识别汽车轮胎D（试题代码：1.2.4；考核时间：5 min）

1. 试题单

（1）场地设备要求

1）台架子上放置10条不同品牌（邓禄普、佳通、回力、玛吉斯、马牌、韩泰、锦湖、固特异、普利司通、米其林）、不同规格的轿车轮胎。

2）课桌椅2套。

3）答题卷及水笔1支（考生答题用）。

（2）工作任务

1）在实物中找出普利司通、米其林、邓禄普3条轮胎。

2）找出普利司通轮胎的规格标记。

3）在答题卷上填写答案。

(3) 技能要求

1) 在答题卷上写出普利司通、米其林、邓禄普 3 条轮胎的编号。

2) 在答题卷上写出普利司通轮胎规格的含义。

(4) 质量指标

正确表述轮胎的品牌名称及规格含义。

2. 评分表

试题名称及编号		1.2.4 常用汽车配件与车标识别——识别汽车轮胎D			考核时间			5 min		
评价要素	配分	等级	评分细则		评定等级					得分
				A	B	C	D	E		
1 识别轮胎品牌	5	A	选对3条并正确表述出名称,并找出普利司通轮胎的规格标记							
		B	选对2条并正确表述出名称,并找出普利司通轮胎的规格标记							
		C	选对2条并正确表述出名称							
		D	选对1条并正确表述出名称							
		E	未答题							
2 识别轮胎规格(宽度、扁平比、子午线结构、钢圈直径、载重系数、速度等级)	10	A	答对6个要素的含义、数值及对应单位							
		B	答对5个要素的含义、数值及对应单位							
		C	答对4个要素的含义、数值及对应单位							
		D	答对3个及以下要素的含义、数值及对应单位							
		E	未答题							
合计配分	15		合计得分							

等级	A(优)	B(良)	C(及格)	D(较差)	E(差或未答题)
比值	1.0	0.8	0.6	0.2	0

"评价要素"得分=配分×等级比值。

九、常用汽车配件与车标识别——识别汽车轮胎E(试题代码:1.2.5;考核时间:5 min)

1. 试题单

(1) 场地设备要求

1) 台架子上放置10条不同品牌(邓禄普、佳通、回力、玛吉斯、马牌、韩泰、锦湖、固特异、普利司通、米其林)、不同规格的轿车轮胎。

2) 课桌椅2套。

3) 答题卷及水笔1支(考生答题用)。

(2) 工作任务

1) 在实物中找出固特异、回力、玛吉斯3条轮胎。

2) 找出固特异轮胎的规格标记。

3) 在答题卷上填写答案。

(3) 技能要求

1) 在答题卷上写出固特异、回力、玛吉斯3条轮胎的编号。

2) 在答题卷上写出固特异轮胎规格的含义。

(4) 质量指标

正确表述轮胎的品牌名称及规格含义。

2. 评分表

	试题名称及编号		1.2.5 常用汽车配件与车标识别——识别汽车轮胎E		考核时间			5 min	
	评价要素	配分	等级	评分细则	评定等级				得分
					A	B	C	D	E	
1	识别轮胎品牌	5	A	选对3条并正确表述出名称,并找出固特异轮胎的规格标记						
			B	选对2条并正确表述出名称,并找出固特异轮胎的规格标记						
			C	选对2条并正确表述出名称						
			D	选对1条并正确表述出名称						
			E	未答题						
2	识别轮胎规格(宽度、扁平比、子午线结构、钢圈直径、载重系数、速度等级)	10	A	答对6个要素的含义、数值及对应单位						
			B	答对5个要素的含义、数值及对应单位						
			C	答对4个要素的含义、数值及对应单位						
			D	答对3个及以下要素的含义、数值及对应单位						
			E	未答题						
	合计配分	15		合计得分						

等级	A（优）	B（良）	C（及格）	D（较差）	E（差或未答题）
比值	1.0	0.8	0.6	0.2	0

"评价要素"得分＝配分×等级比值。

十、常用汽车配件与车标识别——汽车车标识别 A（试题代码：1.3.1；考核时间：5 min）

1. 试题单

（1）场地设备要求

1）试题单（编号 1.3.1）上有 20 个汽车品牌标志。

2）课桌椅 2 套。

3）答题卷及水笔 1 支（考生答题用）。

（2）工作任务

在 20 个汽车品牌中选出（起亚、奥迪、马自达、菲亚特、斯柯达、吉利、林肯、雷克萨斯、劳斯莱斯、一汽）10 个汽车品牌。

(1)	(2)	(3)	(4)	(5)
(6)	(7)	(8)	(9)	(10)
(11)	(12)	(13)	(14)	(15)

续表

| (16) | (17) | (18) | (19) | (20) |

(3) 技能要求

将这 10 个汽车品牌名称的代码填入答题卷的表格中。

(4) 质量指标

正确填入 10 个汽车品牌名称的代码。

2. 评分表

试题名称及编号		1.3.1 常用汽车配件与车标识别——汽车车标识别A		考核时间		5 min			
评价要素	配分	等级	评分细则	评定等级					得分
				A	B	C	D	E	
识别汽车车标	15	A	答对10个汽车品牌						
		B	答对8个汽车品牌						
		C	答对6个汽车品牌						
		D	答对5个及以下汽车品牌						
		E	未答题						
合计配分	15		合计得分						

等级	A（优）	B（良）	C（及格）	D（较差）	E（差或未答题）
比值	1.0	0.8	0.6	0.2	0

"评价要素"得分＝配分×等级比值。

十一、常用汽车配件与车标识别——汽车车标识别B（试题代码：1.3.2；考核时间：5 min）

1. 试题单

(1) 场地设备要求

1) 试题单（编号1.3.2）上有20个汽车品牌标志。

2）课桌椅 2 套。

3）答题卷及水笔 1 支（考生答题用）。

（2）工作任务

在 20 个汽车品牌中选出（长城、中华、铃木、三菱、宝马、大宇、保时捷、五菱、兰博基尼、捷豹）10 个汽车品牌。

(1)	(2)	(3)	(4)	(5)
(6)	(7)	(8)	(9)	(10)
(11)	(12)	(13)	(14)	(15)
(16)	(17)	(18)	(19)	(20)

（3）技能要求

将这 10 个汽车品牌名称的代码填入答题卷的表格中。

（4）质量指标

正确填入 10 个汽车品牌名称的代码。

2. 评分表

试题名称及编号		1.3.2 常用汽车配件与车标识别——汽车车标识别B					考核时间		5 min	
评价要素	配分	等级	评分细则	评定等级						得分
				A	B	C	D	E		
识别汽车车标	15	A	答对10个汽车品牌							
		B	答对8个汽车品牌							
		C	答对6个汽车品牌							
		D	答对5个及以下汽车品牌							
		E	未答题							
合计配分	15		合计得分							

等级	A（优）	B（良）	C（及格）	D（较差）	E（差或未答题）
比值	1.0	0.8	0.6	0.2	0

"评价要素"得分＝配分×等级比值。

十二、常用汽车配件与车标识别——汽车车标识别C（试题代码：1.3.3；考核时间：5 min）

1. 试题单

（1）场地设备要求

1）试题单（编号1.3.3）上有20个汽车品牌标志。

2）课桌椅2套。

3）答题卷及水笔1支（考生答题用）。

（2）工作任务

在20个汽车品牌中选出（长安、比亚迪、金杯、江淮、法拉利、大众、雪佛兰、欧宝、英菲尼迪、大通）10个汽车品牌。

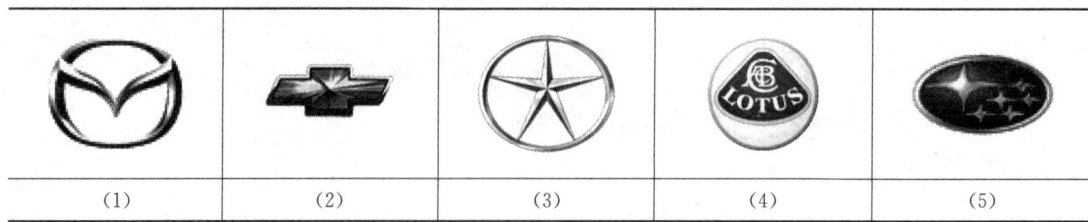

| (1) | (2) | (3) | (4) | (5) |

续表

(6)	(7)	(8)	(9)	(10)
(11)	(12)	(13)	(14)	(15)
(16)	(17)	(18)	(19)	(20)

（3）技能要求

将这10个汽车品牌名称的代码填入答题卷的表格中。

（4）质量指标

正确填入10个汽车品牌名称的代码。

2. 评分表

试题名称及编号		1.3.3 常用汽车配件与车标识别——汽车车标识别C			考核时间			5 min	
评价要素	配分	等级	评分细则	评定等级					得分
				A	B	C	D	E	
识别汽车车标	15	A	答对10个汽车品牌						
		B	答对8个汽车品牌						
		C	答对6个汽车品牌						
		D	答对5个及以下汽车品牌						
		E	未答题						
合计配分	15		合计得分						

等级	A（优）	B（良）	C（及格）	D（较差）	E（差或未答题）
比值	1.0	0.8	0.6	0.2	0

"评价要素"得分＝配分×等级比值。

十三、常用汽车配件与车标识别——汽车车标识别 D（试题代码：1.3.4；考核时间：5 min）

1. 试题单

（1）场地设备要求

1）试题单（编号 1.3.4）上有 20 个汽车品牌标志。

2）课桌椅 2 套。

3）答题卷及水笔 1 支（考生答题用）。

（2）工作任务

在 20 个汽车品牌中选出（东风、荣威、丰田、标致、奔驰、吉普、雪铁龙、沃尔沃、莲花、斯巴鲁）10 个汽车品牌。

(1)	(2)	(3)	(4)	(5)
(6)	(7)	(8)	(9)	(10)
(11)	(12)	(13)	(14)	(15)

续表

(16)	(17)	(18)	(19)	(20)

(3) 技能要求

将这10个汽车品牌名称的代码填入答题卷的表格中。

(4) 质量指标

正确填入10个汽车品牌名称的代码。

2. 评分表

试题名称及编号		1.3.4 常用汽车配件与车标识别——汽车车标识别D			考核时间			5 min		
评价要素	配分	等级	评分细则		评定等级					得分
				A	B	C	D	E		
识别汽车车标	15	A	答对10个汽车品牌							
		B	答对8个汽车品牌							
		C	答对6个汽车品牌							
		D	答对5个及以下汽车品牌							
		E	未答题							
合计配分	15		合计得分							

等级	A（优）	B（良）	C（及格）	D（较差）	E（差或未答题）
比值	1.0	0.8	0.6	0.2	0

"评价要素"得分=配分×等级比值。

十四、常用汽车配件与车标识别——汽车车标识别E（试题代码：1.3.5；考核时间：5 min）

1. 试题单

(1) 场地设备要求

1) 试题单（编号1.3.5）上有20个汽车品牌标志。

2) 课桌椅 2 套。

3) 答题卷及水笔 1 支（考生答题用）。

(2) 工作任务

在 20 个汽车品牌中选出（奇瑞、现代、别克、尼桑、本田、福特、雷诺、凯迪拉克、宾利、克莱斯勒）10 个汽车品牌。

(1)	(2)	(3)	(4)	(5)
(6)	(7)	(8)	(9)	(10)
(11)	(12)	(13)	(14)	(15)
(16)	(17)	(18)	(19)	(20)

(3) 技能要求

将这 10 个汽车品牌名称的代码填入答题卷的表格中。

(4) 质量指标

正确填入 10 个汽车品牌名称的代码。

2. 评分表

试题名称及编号		1.3.5 常用汽车配件与车标识别——汽车车标识别E			考核时间				5 min
评价要素	配分	等级	评分细则		评定等级				得分
				A	B	C	D	E	
识别汽车车标	15	A	答对10个汽车品牌						
		B	答对8个汽车品牌						
		C	答对6个汽车品牌						
		D	答对5个及以下汽车品牌						
		E	未答题						
合计配分	15		合计得分						

等级	A（优）	B（良）	C（及格）	D（较差）	E（差或未答题）
比值	1.0	0.8	0.6	0.2	0

"评价要素"得分＝配分×等级比值。

十五、常用汽车配件与车标识别——识别工具和量具：内径百分表（试题代码：1.4.1；考核时间：5 min）

1. 试题单

（1）场地设备要求

实物：内径百分表（量缸表）1只、外径千分尺1把、塞尺1把、万用表（电子式）1只、游标卡尺1把。

（2）工作任务

1）考生从以上工具和量具中选出内径百分表。

2）表述内径百分表在汽车维修中的用途。

（3）技能要求

1）从实物中选择内径百分表。

2）在答题卷中说明内径百分表在汽车维修中的用途。

（4）质量指标

1）正确选择。

2) 正确说明内径百分表在汽车维修中的用途。

2. 评分表

试题名称及编号		1.4.1 常用汽车配件与车标识别——识别工具和量具：内径百分表			考核时间			5 min	
评价要素	配分	等级	评分细则		评定等级				得分
				A	B	C	D	E	
1 工具和量具的名称与类型	10	A	选择正确						
		B							
		C							
		D	选择错误						
		E	未答题						
2 工具和量具用途	5	A	选择正确						
		B							
		C							
		D	选择错误						
		E	未答题						
合计配分	15		合计得分						

等级	A（优）	B（良）	C（及格）	D（较差）	E（差或未答题）
比值	1.0	0.8	0.6	0.2	0

"评价要素"得分＝配分×等级比值。

十六、常用汽车配件与车标识别——识别工具和量具：外径千分尺（试题代码：1.4.2；考核时间：5 min）

1. 试题单

（1）场地设备要求

实物：内径百分表（量缸表）1只、外径千分尺1把、塞尺1把、万用表（电子式）1只、游标卡尺1把。

（2）工作任务

1）考生从以上工具和量具中选出外径千分尺。

2）表述外径千分尺在汽车维修中的用途。

(3) 技能要求

1) 从实物中选择外径千分尺。

2) 在答题卷中说明外径千分尺在汽车维修中的用途。

(4) 质量指标

1) 正确选择。

2) 正确说明外径千分尺在汽车维修中的用途。

2. 评分表

试题名称及编号			1.4.2 常用汽车配件与车标识别——识别工具和量具：外径千分尺		考核时间			5 min		
评价要素		配分	等级	评分细则	评定等级					得分
					A	B	C	D	E	
1	工具和量具的名称与类型	10	A	选择正确						
			B							
			C							
			D	选择错误						
			E	未答题						
2	工具和量具用途	5	A	选择正确						
			B							
			C							
			D	选择错误						
			E	未答题						
合计配分		15		合计得分						

等级	A（优）	B（良）	C（及格）	D（较差）	E（差或未答题）
比值	1.0	0.8	0.6	0.2	0

"评价要素"得分＝配分×等级比值。

十七、常用汽车配件与车标识别——识别工具和量具：塞尺（试题代码：1.4.3；考核时间：5 min）

1. 试题单

(1) 场地设备要求

实物：内径百分表（量缸表）1只、外径千分尺1把、塞尺1把、万用表（电子式）1只、游标卡尺1把。

(2) 工作任务

1) 考生从以上工具和量具中选出塞尺。

2) 表述塞尺在汽车维修中的用途。

(3) 技能要求

1) 从实物中选择塞尺。

2) 在答题卷中说明塞尺在汽车维修中的用途。

(4) 质量指标

1) 正确选择。

2) 正确说明塞尺在汽车维修中的用途。

2. 评分表

试题名称及编号			1.4.3 常用汽车配件与车标识别——识别工具和量具：塞尺		考核时间				5 min	
评价要素		配分	等级	评分细则	评定等级					得分
					A	B	C	D	E	
1	工具和量具的名称与类型	10	A	选择正确						
			B							
			C							
			D	选择错误						
			E	未答题						
2	工具和量具用途	5	A	选择正确						
			B							
			C							
			D	选择错误						
			E	未答题						
合计配分		15		合计得分						

等级	A（优）	B（良）	C（及格）	D（较差）	E（差或未答题）
比值	1.0	0.8	0.6	0.2	0

"评价要素"得分＝配分×等级比值。

十八、常用汽车配件与车标识别——识别工具和量具：万用表（试题代码：1.4.4；考核时间：5 min）

1. 试题单

（1）场地设备要求

实物：内径百分表（量缸表）1只、外径千分尺1把、塞尺1把、万用表（电子式）1只、游标卡尺1把。

（2）工作任务

1）考生从以上工具和量具中选出万用表。

2）表述万用表在汽车维修中的用途。

（3）技能要求

1）从实物中选择万用表。

2）在答题卷中说明万用表在汽车维修中的用途。

（4）质量指标

1）正确选择。

2）正确说明万用表在汽车维修中的用途。

2. 评分表

试题名称及编号			1.4.4 常用汽车配件与车标识别——识别工具和量具：万用表		考核时间			5 min		
评价要素		配分	等级	评分细则	评定等级					得分
					A	B	C	D	E	
1	工具和量具的名称与类型	10	A	选择正确						
			B							
			C							
			D	选择错误						
			E	未答题						

续表

试题名称及编号			1.4.4 常用汽车配件与车标识别——识别工具和量具：万用表		考核时间				5 min	
评价要素		配分	等级	评分细则	评定等级					得分
					A	B	C	D	E	
2	工具和量具用途	5	A	选择正确						
			B							
			C							
			D	选择错误						
			E	未答题						
合计配分		15		合计得分						

等级	A（优）	B（良）	C（及格）	D（较差）	E（差或未答题）
比值	1.0	0.8	0.6	0.2	0

"评价要素"得分＝配分×等级比值。

十九、常用汽车配件与车标识别——识别工具和量具：游标卡尺（试题代码：1.4.5；考核时间：5 min）

1. 试题单

（1）场地设备要求

实物：内径百分表（量缸表）1只、外径千分尺1把、塞尺1把、万用表（电子式）1只、游标卡尺1把。

（2）工作任务

1）考生从以上工具和量具中选出游标卡尺。

2）表述游标卡尺在汽车维修中的用途。

（3）技能要求

1）从实物中选择游标卡尺。

2）在答题卷中说明游标卡尺在汽车维修中的用途。

（4）质量指标

1）正确选择。

2) 正确说明游标卡尺在汽车维修中的用途。

2. 评分表

试题名称及编号		1.4.5 常用汽车配件与车标识别——识别工具和量具：游标卡尺			考核时间			5 min		
评价要素		配分	等级	评分细则	评定等级					得分
					A	B	C	D	E	
1	工具和量具的名称与类型	10	A	选择正确						
			B							
			C							
			D	选择错误						
			E	未答题						
2	工具和量具用途	5	A	选择正确						
			B							
			C							
			D	选择错误						
			E	未答题						
合计配分		15		合计得分						

等级	A（优）	B（良）	C（及格）	D（较差）	E（差或未答题）
比值	1.0	0.8	0.6	0.2	0

"评价要素"得分＝配分×等级比值。

销售实务

销售实务（试题代码：2.1.1；考核时间：8 min）

1. 试题单

（1）场地设备要求

1）三层货架 1 个。

2）商品：润滑油（嘉实多磁护系列、壳牌喜力系列）、空气滤清器、机油滤清器、汽油滤清器、空调滤清器等实物样品（量足，能摆满货架）。

3) 所有商品零售标价签。

4) 营业员证。

5) 抹布1块。

6) 客户已购物记录单5份。

7) 答题卷及水笔1支（考生答题用）。

（2）工作任务

销售工作的全过程（售前准备、接待客户、商品介绍、交易成功）。

（3）技能要求

1) 售前准备。

2) 接待客户与商品介绍。

3) 填写提货单。

（4）质量指标

1) 售前准备：货品整理要求分类清楚，排列整齐，货品标价牌清晰；货架整洁，无灰尘、无杂物；个人仪容仪表整洁，佩戴营业员标志。

2) 接待客户：站在合适的位置上，有良好的站姿；介绍产品实事求是，态度和气，口齿清晰；主动递交商品，示意告别。

3) 商品介绍：向客户介绍其欲购买产品的品牌、产地、特点和作用、使用及保养方法。

4) 填写提货单：填写规范，字迹清楚，不得涂改。

2. 评分表

试题名称及编号				2.1.1 销售实务	考核时间				8 min	
评价要素		配分	等级	评分细则	评定等级					得分
					A	B	C	D	E	
1	售前准备：货品陈列归类正确；货架整洁，无灰尘及杂物；商品与商品价格标牌对应无误；佩戴营业员标志	5	A	能做到4个要素						
			B	能做到3个要素（第三条必须正确）						
			C	能做到2个要素（第三条必须正确）						
			D	能做到2个以下要素或第三条不正确						
			E	未答题						

续表

试题名称及编号		2.1.1 销售实务			考核时间			8 min	
评价要素	配分	等级	评分细则	\multicolumn{5}{c}{评定等级}	得分
				A	B	C	D	E	

	评价要素	配分	等级	评分细则	A	B	C	D	E	得分
2	接待客户：站立位置合理，站姿符合要求；产品介绍熟练，态度和气，口齿清晰；告别词语明确	5	A	能做到3个要素						
			B							
			C	能做到2个要素						
			D	能做到2个以下要素						
			E	未答题						
3	商品介绍：询问客户的汽车品牌及年款车型；商品的品牌、功能；使用方法的介绍均正确	10	A	能做到3个要素						
			B							
			C	能做到2个要素（第一要素必须正确）						
			D	能做到2个以下要素（缺第一要素）						
			E	未答题						
4	填写提货单：开票日期、提货单位、品名规格、计量单位、数量、单价、合计人民币大写、合计人民币小写、制单人	10	A	9个要素全部填写正确						
			B	8个要素填写正确						
			C	6个要素填写正确						
			D	5个及以下要素填写正确						
			E	未答题						
合计配分		30		合计得分						

等级	A（优）	B（良）	C（及格）	D（较差）	E（差或未答题）
比值	1.0	0.8	0.6	0.2	0

"评价要素"得分＝配分×等级比值。

售后服务

一、售后服务——电话联系客户，制作客户资料卡 A（试题代码：3.1.1；考核时间：8 min）

1. 试题单

(1) 场地设备要求

1) 电话机 2 部。

2) 客户名片及客户购物情况。

顾一成　营业部副经理

上海铭铭汽车装饰用品有限公司

地址：上海真北路 1700 号	邮编：200333
手机：13080011088	传真：021-52781000
电话：021-52080000	开户行：上海浦发银行普陀支行
邮箱：11@163.com	账号：076343-4122123500
网址：www.mingming.com.cn	税号：31010670310000

购物记录 1：上海铭铭汽车装饰用品有限公司

2014-5-1 第一次购买：2 组桑塔纳 2000 型飞鹰牌刹车片，每组单价为 60 元，总货款 120 元，当场付款提货。

3) 课桌椅 1 套。

4) 答题卷及水笔 1 支（考生答题用）。

(2) 工作任务

1) 电话联系客户。

2) 制作客户资料卡。

(3) 技能要求

1) 按所提供的客户名片及客户购物情况、公司促销宣传广告内容与客户电话沟通。

2) 在答题卷上制作客户资料卡。

(4) 质量指标

1) 电话联系客户礼仪礼节规范，沟通内容全面。

2) 客户资料卡制作内容完整。

2. 评分表

试题名称及编号		3.1.1 售后服务——电话联系客户，制作客户资料卡A			考核时间				8 min	
评价要素		配分	等级	评分细则	评定等级					得分
					A	B	C	D	E	
1	电话礼仪：礼貌用语，自我介绍，有结束语，待对方放下话筒后再挂机	4	A	能做到4个要素						
			B							
			C	能做到3个要素						
			D	能做到2个及以下要素						
			E	未答题						
2	电话沟通内容：询问已购商品的使用情况，售货人员服务态度，向客户介绍本店铺的最新活动	6	A	能做到3个要素						
			B							
			C	能做到2个要素						
			D	只做到2个以下要素						
			E	未答题						
3	填写客户资料卡：消费者信息，交易记录，联系记录	10	A	3个要素全部正确						
			B							
			C	2个要素全部正确						
			D	2个以下要素正确						
			E	未答题						
合计配分		20		合计得分						

等级	A（优）	B（良）	C（及格）	D（较差）	E（差或未答题）
比值	1.0	0.8	0.6	0.2	0

"评价要素"得分＝配分×等级比值。

二、售后服务——电话联系客户，制作客户资料卡B（试题代码：3.1.2；考核时间：8 min）

1. 试题单

(1) 场地设备要求

1) 电话机2部。

2) 客户名片及客户购物情况。

```
龙飞飞    采购经理
上海交点汽车维修服务有限公司
地址：上海北青公路8800号        邮编：201707
手机：13564869000              传真：021-59705200
电话：021-59780000             开户行：上海银行青浦支行
邮箱：22@126.com               账号：079654-0411183900
网址：www.jiaodian.com.cn       税号：31022970308000
```

购物记录2：上海交点汽车维修服务有限公司

2014-9-12第一次购买：卫星导航城际通飞达M600，4 380元/台×2台，当场付现金8 760元结清，自行提货。

3) 课桌椅1套。

4) 答题卷及水笔1支（考生答题用）。

(2) 工作任务

1) 电话联系客户。

2) 制作客户资料卡。

(3) 技能要求

1) 按所提供的客户名片及客户购物情况、公司促销宣传广告内容与客户电话沟通。

2) 在答题卷上制作客户资料卡。

(4) 质量指标

1) 电话联系客户礼仪礼节规范，沟通内容全面。

2) 客户资料卡制作内容完整。

2. 评分表

试题名称及编号		3.1.2 售后服务——电话联系客户,制作客户资料卡B			考核时间				8 min	
评价要素		配分	等级	评分细则	评定等级					得分
					A	B	C	D	E	
1	电话礼仪:礼貌用语,自我介绍,有结束语,待对方放下话筒后再挂机	4	A	能做到4个要素						
			B							
			C	能做到3个要素						
			D	能做到2个及以下要素						
			E	未答题						
2	电话沟通内容:询问已购商品的使用情况,售货人员服务态度,向客户介绍本店铺的最新活动	6	A	能做到3个要素						
			B							
			C	能做到2个要素						
			D	只做到2个以下要素						
			E	未答题						
3	填写客户资料卡:消费者信息,交易记录,联系记录	10	A	3个要素全部正确						
			B							
			C	2个要素全部正确						
			D	2个以下要素正确						
			E	未答题						
合计配分		20		合计得分						

等级	A(优)	B(良)	C(及格)	D(较差)	E(差或未答题)
比值	1.0	0.8	0.6	0.2	0

"评价要素"得分=配分×等级比值。

三、售后服务——电话联系客户，制作客户资料卡 C（试题代码：3.1.3；考核时间：8 min）

1. 试题单

（1）场地设备要求

1）电话机 2 部。

2）客户名片及客户购物情况。

周大富　市场部销售助理	
上海大陆汽车配件集团	
地址：上海淮海路 12 号	邮编：200020
手机：13980221084	传真：021-54350000
电话：021-54351100	开户行：花旗银行上海分行
邮箱：123@yahoo.com	账号：234243-2764536500
网址：www.dalucar.com.cn	税号：33020670345020

购物记录 3：上海大陆汽车配件集团

2014-11-12 第一次购买：米其林轮胎 MXV8，规格 205/65R15V（适用广本车型），2 225 元/条×4 条，当场支票付款 8 900 元，第二天送货。

3）课桌椅 1 套。

4）答题卷及水笔 1 支（考生答题用）。

（2）工作任务

1）电话联系客户。

2）制作客户资料卡。

（3）技能要求

1）按所提供的客户名片及客户购物情况、公司促销宣传广告内容与客户电话沟通。

2）在答题卷上制作客户资料卡。

（4）质量指标

1) 电话联系客户礼仪礼节规范,沟通内容全面。
2) 客户资料卡制作内容完整。

2. 评分表

试题名称及编号			3.1.3 售后服务——电话联系客户,制作客户资料卡C		考核时间				8 min	
评价要素		配分	等级	评分细则	评定等级					得分
					A	B	C	D	E	
1	电话礼仪:礼貌用语,自我介绍,有结束语,待对方放下话筒后再挂机	4	A	能做到4个要素						
			B							
			C	能做到3个要素						
			D	能做到2个及以下要素						
			E	未答题						
2	电话沟通内容:询问已购商品的使用情况,售货人员服务态度,向客户介绍本店铺的最新活动	6	A	能做到3个要素						
			B							
			C	能做到2个要素						
			D	只做到2个以下要素						
			E	未答题						
3	填写客户资料卡:消费者信息,交易记录,联系记录	10	A	3个要素全部正确						
			B							
			C	2个要素全部正确						
			D	2个以下要素正确						
			E	未答题						
合计配分		20		合计得分						

等级	A(优)	B(良)	C(及格)	D(较差)	E(差或未答题)
比值	1.0	0.8	0.6	0.2	0

"评价要素"得分=配分×等级比值。

四、售后服务——电话联系客户,制作客户资料卡D(试题代码:3.1.4;考核时间:8 min)

1. 试题单

（1）场地设备要求

1）电话机 2 部。

2）客户名片及客户购物情况。

李逵　销售助理

北京奔驰戴姆勒汽车配件公司

地址：北京大前门北路 1 号　　邮编：180021

手机：13676511058　　　　　　传真：010-52532344

电话：010-52532420　　　　　　开户行：中国银行北京分行

邮箱：23@163.com　　　　　　账号：564738-2121984763

网址：www.bbdc.com.cn　　　　税号：31033231330210

购物记录 4：北京奔驰戴姆勒汽车配件公司

2014-9-12 第一次购买：红色汽车儿童座椅 1 581 元/把×2 把，当场付现金 3 162 元结清，自行提货。

3）课桌椅 1 套。

4）答题卷及水笔 1 支（考生答题用）。

（2）工作任务

1）电话联系客户。

2）制作客户资料卡。

（3）技能要求

1）按所提供的客户名片及客户购物情况、公司促销宣传广告内容与客户电话沟通。

2）在答题卷上制作客户资料卡。

（4）质量指标

1）电话联系客户礼仪礼节规范，沟通内容全面。

2）客户资料卡制作内容完整。

2. 评分表

试题名称及编号		3.1.4 售后服务——电话联系客户，制作客户资料卡 D			考核时间			8 min		
评价要素	配分	等级	评分细则	评定等级					得分
				A	B	C	D	E	
1	电话礼仪：礼貌用语，自我介绍，有结束语，待对方放下话筒后再挂机	4	A	能做到 4 个要素						
			B							
			C	能做到 3 个要素						
			D	能做到 2 个及以下要素						
			E	未答题						
2	电话沟通内容：询问已购商品的使用情况，售货人员服务态度，向客户介绍本店铺的最新活动	6	A	能做到 3 个要素						
			B							
			C	能做到 2 个要素						
			D	只做到 2 个以下要素						
			E	未答题						
3	填写客户资料卡：消费者信息，交易记录，联系记录	10	A	3 个要素全部正确						
			B							
			C	2 个要素全部正确						
			D	2 个以下要素正确						
			E	未答题						
合计配分		20		合计得分						

等级	A（优）	B（良）	C（及格）	D（较差）	E（差或未答题）
比值	1.0	0.8	0.6	0.2	0

"评价要素"得分＝配分×等级比值。

五、售后服务——电话联系客户，制作客户资料卡 E（试题代码：3.1.5；考核时间：8 min）

1. 试题单

（1）场地设备要求

1）电话机 2 部。

2）客户名片及客户购物情况。

```
王如华    采购部专员
上海大华汽车用品有限公司
地址：上海航华路 120 号        邮编：200103
手机：13332012088              传真：021-53711000
电话：021-53780022             开户行：招商银行闵行支行
邮箱：101@126.com              账号：034243-2350193000
网址：www.dhcar.com.cn         税号：31010563010900
```

购物记录 5：上海大华汽车用品有限公司

2014-9-12 第一次购买：2 根丰田佳美 2.0 KYB 前减振器，每根单价为 320 元，总货款 640 元，9 月 20 日货款到账后自行提货。

3）课桌椅 1 套。

4）答题卷及水笔 1 支（考生答题用）。

（2）工作任务

1）电话联系客户。

2）制作客户资料卡。

（3）技能要求

1）按所提供的客户名片及客户购物情况、公司促销宣传广告内容与客户电话沟通。

2）在答题卷上制作客户资料卡。

（4）质量指标

1）电话联系客户礼仪礼节规范，沟通内容全面。

2）客户资料卡制作内容完整。

2. 评分表

试题名称及编号		3.1.5 售后服务——电话联系客户，制作客户资料卡 E		考核时间				8 min	
评价要素	配分	等级	评分细则	评定等级					得分
				A	B	C	D	E	
1	电话礼仪：礼貌用语，自我介绍，有结束语，待对方放下话筒后再挂机	4	A	能做到 4 个要素					
			B						
			C	能做到 3 个要素					
			D	能做到 2 个及以下要素					
			E	未答题					
2	电话沟通内容：询问已购商品的使用情况，售货人员服务态度，向客户介绍本店铺的最新活动	6	A	能做到 3 个要素					
			B						
			C	能做到 2 个要素					
			D	只做到 2 个以下要素					
			E	未答题					
3	填写客户资料卡：消费者信息，交易记录，联系记录	10	A	3 个要素全部正确					
			B						
			C	2 个要素全部正确					
			D	2 个以下要素正确					
			E	未答题					
合计配分		20		合计得分					

等级	A（优）	B（良）	C（及格）	D（较差）	E（差或未答题）
比值	1.0	0.8	0.6	0.2	0

"评价要素"得分＝配分×等级比值。

采购与保管

一、采购与保管——制作库存卡 A（试题代码：4.1.1；考核时间：4 min）

1. 试题单

（1）场地设备要求

1)题卡(4.1.1):上海曹阳汽配有限公司于2014年10月3日第一次购进斯柯达2000型飞鹰牌刹车片10套,当日售出8套;10月5日售出2套;10月20日第二次又购进相同型号3套。根据上述情况填写商品库存卡。

2)课桌椅1套。

3)答题卷及水笔1支(考生答题用)。

(2)工作任务

制作该商品的库存卡。

(3)技能要求

在答题卷上制作该商品的库存卡。

(4)质量指标

制作的商品库存卡内容完整无误。

2. 评分表

试题名称及编号			4.1.1 采购与保管——制作库存卡A	考核时间				4 min
评价要素	配分	等级	评分细则	评定等级				得分
				A	B	C	D	E	
正确制作:类别、名称、计量单位、年月日、收入数量、发出数量、结存数量、保管人签章等8个要点	10	A	8个要点全部正确且无涂改						
		B	7个要点正确且结存数量必须正确						
		C	5~6个要点正确且结存数量必须正确						
		D	1~4个要点正确或结存数量错误						
		E	未答题						
合计配分	10		合计得分						

等级	A(优)	B(良)	C(及格)	D(较差)	E(差或未答题)
比值	1.0	0.8	0.6	0.2	0

"评价要素"得分=配分×等级比值。

二、采购与保管——制作库存卡B(试题代码:4.1.2;考核时间:4 min)

1. 试题单

(1)场地设备要求

1) 题卡（4.1.2）：你所在的××汽车音响店于 2014 年 10 月 3 日第一次购进先锋主机 4025，1 589.74 元/台×3 台；10 月 8 日售出 1 台；11 月 1 日售出 1 台；11 月 5 日又购进上述同样规格型号的主机 5 台，当日售出 2 台。根据上述情况填写商品库存卡。

2) 课桌椅 1 套。

3) 答题卷及水笔 1 支（考生答题用）。

（2）工作任务

制作该商品的库存卡。

（3）技能要求

在答题卷上制作该商品的库存卡。

（4）质量指标

制作的商品库存卡内容完整无误。

2. 评分表

试题名称及编号		4.1.2 采购与保管——制作库存卡 B		考核时间				4 min	
评价要素	配分	等级	评分细则	评定等级					得分
				A	B	C	D	E	
正确制作：类别、名称、计量单位、年月日、收入数量、发出数量、结存数量、保管人签章等 8 个要点	10	A	8 个要点全部正确且无涂改						
		B	7 个要点正确且结存数量必须正确						
		C	5～6 个要点正确且结存数量必须正确						
		D	1～4 个要点正确或结存数量错误						
		E	未答题						
合计配分	10		合计得分						

等级	A（优）	B（良）	C（及格）	D（较差）	E（差或未答题）
比值	1.0	0.8	0.6	0.2	0

"评价要素"得分=配分×等级比值。

三、采购与保管——制作库存卡 C（试题代码：4.1.3；考核时间：4 min）

1. 试题单

（1）场地设备要求

1) 题卡（4.1.3）：你所在的××汽车音响店于2014年11月3日购进先锋喇叭TS-6970E，311.965元/对×3对；11月30日购进同规格的喇叭3对，售出5对；12月5日又购进上述同样规格型号的喇叭3对。根据上述情况填写商品库存卡。

2) 课桌椅1套。

3) 答题卷及水笔1支（考生答题用）。

（2）工作任务

制作该商品的库存卡。

（3）技能要求

在答题卷上制作该商品的库存卡。

（4）质量指标

制作的商品库存卡内容完整无误。

2. 评分表

试题名称及编号			4.1.3 采购与保管——制作库存卡C						考核时间	4 min
评价要素	配分	等级	评分细则	\multicolumn{5}{c}{评定等级}		得分
				A	B	C	D	E		
正确制作：类别、名称、计量单位、年月日、收入数量、发出数量、结存数量、保管人签章等8个要点	10	A	8个要点全部正确且无涂改							
		B	7个要点正确且结存数量必须正确							
		C	5~6个要点正确且结存数量必须正确							
		D	1~4个要点正确或结存数量错误							
		E	未答题							
合计配分	10		合计得分							

等级	A（优）	B（良）	C（及格）	D（较差）	E（差或未答题）
比值	1.0	0.8	0.6	0.2	0

"评价要素"得分＝配分×等级比值。

四、采购与保管——制作库存卡D（试题代码：4.1.4；考核时间：4 min）

1. 试题单

（1）场地设备要求

1) 题卡 (4.1.4)：你所在的××汽车快修店于 2014 年 11 月 6 日购进 BOSCH♯18 雨刮片，30 元/根×10 根；11 月 11 日、13 日分别售出 2 根；12 月 5 日又购进上述同样规格型号的雨刮片 5 根，当日售出 8 根。根据上述情况填写商品库存卡。

2) 课桌椅 1 套。

3) 答题卷及水笔 1 支（考生答题用）。

（2）工作任务

制作该商品的库存卡。

（3）技能要求

在答题卷上制作该商品的库存卡。

（4）质量指标

制作的商品库存卡内容完整无误。

2. 评分表

试题名称及编号		4.1.4 采购与保管——制作库存卡 D		考核时间			4 min	
评价要素	配分	等级	评分细则	评定等级				得分
				A	B	C	D	E	
正确制作：类别、名称、计量单位、年月日、收入数量、发出数量、结存数量、保管人签章等 8 个要点	10	A	8 个要点全部正确且无涂改						
		B	7 个要点正确且结存数量必须正确						
		C	5~6 个要点正确且结存数量必须正确						
		D	1~4 个要点正确或结存数量错误						
		E	未答题						
合计配分	10		合计得分						

等级	A（优）	B（良）	C（及格）	D（较差）	E（差或未答题）
比值	1.0	0.8	0.6	0.2	0

"评价要素"得分＝配分×等级比值。

五、采购与保管——制作库存卡 E（试题代码：4.1.5；考核时间：4 min）

1. 试题单

（1）场地设备要求

1)题卡(4.1.5):你所在的××汽车用品公司于 2014 年 11 月 6 日购进 2 只桑塔纳 2000 型瓦尔塔牌蓄电池,每只单价为 480 元,货号为 D-08-07,规格为 12WQ54,当日售出 1 只;11 月 8 日售出 1 只;12 月 5 日又购进上述同样规格型号的蓄电池 3 只。根据上述情况填写商品库存卡。

2)课桌椅 1 套。

3)答题卷及水笔 1 支(考生答题用)。

(2)工作任务

制作该商品的库存卡。

(3)技能要求

在答题卷上制作该商品的库存卡。

(4)质量指标

制作的商品库存卡内容完整无误。

2. 评分表

试题名称及编号			4.1.5 采购与保管——制作库存卡 E		考核时间			4 min	
评价要素	配分	等级	评分细则	评定等级					得分
				A	B	C	D	E	
正确制作:类别、名称、计量单位、年月日、收入数量、发出数量、结存数量、保管人签章等 8 个要点	10	A	8 个要点全部正确且无涂改						
		B	7 个要点正确且结存数量必须正确						
		C	5~6 个要点正确且结存数量必须正确						
		D	1~4 个要点正确或结存数量错误						
		E	未答题						
合计配分	10		合计得分						

等级	A(优)	B(良)	C(及格)	D(较差)	E(差或未答题)
比值	1.0	0.8	0.6	0.2	0

"评价要素"得分=配分×等级比值。

六、采购与保管——火花塞等配件的陈列与摆放（试题代码：4.2.1；考核时间：4 min）

1. 试题单

（1）场地设备要求

1）题卡（4.2.1）：某公司门店新进火花塞、机油、皮带及蓄电池一批。请根据其不同类别在门店内进行陈列。

2）课桌椅 1 套。

3）答题卷及水笔 1 支（考生答题用）。

（2）工作任务

根据以上配件的不同特点在门店内进行陈列并说明理由。

（3）技能要求

在答题卷上根据以上商品的特点提出摆放方案。

（4）质量指标

1）4件配件商品摆放位置正确。

2）摆放理由表述正确、清楚。

2. 评分表

试题名称及编号				4.2.1 采购与保管——火花塞等配件的陈列与摆放	考核时间			4 min	
评价要素		配分	等级	评分细则	评定等级				得分
					A	B	C	D	E	
1	火花塞	2	A	选择柜台和货架两种方式且不能与机油在同一个柜台或货架内					
			B						
			C	只选择柜台或货架一种方式					
			D	选择错误					
			E	未答题					
2	机油	3	A	选择货架且不能与皮带、火花塞在同一个货架内					
			B						
			C	只选择柜台或货架一种方式且不能与皮带、火花塞在同一个货架内					
			D	选择错误					
			E	未答题					

续表

试题名称及编号			4.2.1 采购与保管——火花塞等配件的陈列与摆放		考核时间				4 min	
评价要素		配分	等级	评分细则	评定等级					得分
					A	B	C	D	E	
3	皮带	2	A	熟练选择柜台和货架两种方式且不能与机油在同一个柜台或货架内，不能悬挂						
			B							
			C	只选择柜台或货架一种方式且不能与机油在同一个柜台或货架内，不能悬挂						
			D	选择错误						
			E	未答题						
4	蓄电池	3	A	2个全部选对，无错误选择						
			B							
			C	2个全部选对，另有1个错误选择						
			D	2个全部选对，另有2个或以上错误选择；1个选对或无选对的						
			E	未答题						
合计配分		10		合计得分						

等级	A（优）	B（良）	C（及格）	D（较差）	E（差或未答题）
比值	1.0	0.8	0.6	0.2	0

"评价要素"得分＝配分×等级比值。

七、采购与保管——配件的分类陈列与摆放（试题代码：4.2.2；考核时间：4 min）

1. 试题单

（1）场地设备要求

1）题卡（4.2.2）：某公司新进一批配件，有风扇、大灯、万向传动装置、后轮罩、驱动桥、前挡泥板、气缸盖出水管、电刷弹簧、机油泵、前围板、空气压缩机皮带、点火线圈、悬架、转向减振器、散热器框架、电刷等。请根据其不同类别在门店内进行陈列。

2）课桌椅1套。

3）答题卷及水笔1支（考生答题用）。

(2) 工作任务

在答题卡上对案例所提要求进行答题。

(3) 技能要求

对配件摆放进行分类。

(4) 质量指标

对配件进行正确的分类。

2. 评分表

试题名称及编号			4.2.2 采购与保管——配件的分类陈列与摆放		考核时间				4 min	
评价要素		配分	等级	评分细则	评定等级					得分
					A	B	C	D	E	
1	发动机类	2	A	4个全部选对,无错误选择						
			B	3个全部选对,无错误选择						
			C	3个或4个全部选对,另有1个错误选择						
			D	2个或1个选对,或有2个及以上错误选择						
			E	未答题						
2	底盘类	3	A	4个全部选对,无错误选择						
			B	3个全部选对,无错误选择						
			C	3个或4个全部选对,另有1个错误选择						
			D	2个或1个选对,或有2个及以上错误选择						
			E	未答题						
3	车身类	2	A	4个全部选对,无错误选择						
			B	3个全部选对,无错误选择						
			C	3个或4个全部选对,另有1个错误选择						
			D	2个或1个选对,或有2个及以上错误选择						
			E	未答题						

续表

试题名称及编号			4.2.2 采购与保管——配件的分类陈列与摆放					考核时间	4 min
评价要素	配分	等级	评分细则	评定等级					得分
				A	B	C	D	E	
4 电器类	3	A	4个全部选对，无错误选择						
		B	3个全部选对，无错误选择						
		C	3个或4个全部选对，另有1个错误选择						
		D	2个或1个选对，或有2个及以上错误选择						
		E	未答题						
合计配分	10		合计得分						

等级	A（优）	B（良）	C（及格）	D（较差）	E（差或未答题）
比值	1.0	0.8	0.6	0.2	0

"评价要素"得分＝配分×等级比值。

八、采购与保管——大灯等配件的陈列与摆放（试题代码：4.2.3；考核时间：4 min）

1. 试题单

（1）场地设备要求

1）题卡（4.2.3）：某汽配商店要打包发运一批货：3只大灯、1个变速箱、1箱机油滤清器、5只空气滤清器，现已装箱完毕，准备堆放在一起。请设计出这些配件堆（摆）放位置顺序，并说明理由。

2）课桌椅1套。

3）答题卷及水笔1支（考生答题用）。

（2）工作任务

按照题卡所提供的案例要求答题。

（3）技能要求

1）表述以上配件出库时的摆放位置。

2）表述摆放的理由。

（4）质量指标

1) 4件配件商品摆放位置正确。
2) 摆放理由表述正确、清楚。

2. 评分表

试题名称及编号				4.2.3 采购与保管——大灯等配件的陈列与摆放	考核时间					4 min
评价要素		配分	等级	评分细则	评定等级					得分
					A	B	C	D	E	
1	变速箱	2	A	选择正确						
			B							
			C							
			D	选择错误						
			E	未答题						
2	机油滤清器	3	A	选择正确						
			B							
			C							
			D	选择错误						
			E	未答题						
3	大灯	2	A	选择正确						
			B							
			C							
			D	选择错误						
			E	未答题						
4	空气滤清器	3	A	选择正确						
			B							
			C							
			D	选择错误						
			E	未答题						
合计配分		10		合计得分						

等级	A（优）	B（良）	C（及格）	D（较差）	E（差或未答题）
比值	1.0	0.8	0.6	0.2	0

"评价要素"得分＝配分×等级比值。

九、采购与保管——同步器等配件的陈列与摆放（试题代码：4.2.4；考核时间：4 min）

1. 试题单

（1）场地设备要求

1）题卡（4.2.4）：某汽配商店仓库有下列物品：冷媒、罐装油漆、同步器、一轴、JB抗磨剂。根据上述情况描述物品在仓库中的摆放地点与位置，并说明理由。

2）课桌椅1套。

3）答题卷及水笔1支（考生答题用）。

（2）工作任务

按照题卡所提供的案例要求答题。

（3）技能要求

1）在答题卡上选择配件的摆放位置。

2）表述配件的存放要求。

（4）质量指标

1）5件配件商品摆放位置正确。

2）存放要求表述正确、清楚。

2. 评分表

试题名称及编号			4.2.4 采购与保管——同步器等配件的陈列与摆放		考核时间			4 min	
评价要素		配分	等级	评分细则	评定等级				得分
					A	B	C	D	E	
1	存放位置	4	A	5个全部选对						
			B	4个全部选对						
			C	3个全部选对						
			D	2个或1个选对						
			E	未答题						

续表

试题名称及编号			4.2.4 采购与保管——同步器等配件的陈列与摆放		考核时间			4 min	
评价要素		配分	等级	评分细则	评定等级				得分
					A	B	C	D	E	
2	冷媒、罐装油漆、JB抗磨剂3种商品的存放要求	3	A	正确辨识此3种商品是危险品（无错误选择）及避光、避热的存放要求						
			B	正确辨识此2种商品是危险品（无错误选择）及避光、避热的存放要求						
			C	正确辨识此2种商品是危险品（无错误选择）及避光、避热的存放要求中的一个						
			D	辨识1种商品或有错误选择						
			E	未答题						
3	同步器与一轴的存放要求	3	A	4个全部选对，无错误选择						
			B	3个全部选对，无错误选择						
			C	3个或4个全部选对，另有1个错误选择						
			D	2个或1个选对，或有2个及以上错误选择						
			E	未答题						
合计配分		10		合计得分						

等级	A（优）	B（良）	C（及格）	D（较差）	E（差或未答题）
比值	1.0	0.8	0.6	0.2	0

"评价要素"得分＝配分×等级比值。

十、采购与保管——轮胎的陈列与摆放（试题代码：4.2.5；考核时间：4 min）

1. 试题单

（1）场地设备要求

1）题卡（4.2.5）：指出图示轮胎若长期如此存放的问题，并表述轮胎保管的注意事项。

2）课桌椅1套。

3) 答题卷及水笔1支（考生答题用）。

（2）工作任务

按照题卡所提供的案例要求填写答题卷。

（3）技能要求

1) 判断摆放是否正确并表述理由。

2) 表述轮胎摆放的注意事项。

（4）质量指标

1) 轮胎摆放位置正确。

2) 轮胎库存保管要点表述正确、清楚。

2. 评分表

试题名称及编号			4.2.5 采购与保管——轮胎的陈列与摆放						考核时间	4 min
评价要素		配分	等级	评分细则		评定等级				得分
					A	B	C	D	E	
1	图示的错误判断	4	A	正确						
			B							
			C							
			D	错误						
			E	未答题						

续表

试题名称及编号			4.2.5 采购与保管——轮胎的陈列与摆放		考核时间			4 min		
评价要素		配分	等级	评分细则	评定等级					得分
					A	B	C	D	E	
2	判断后理由的阐述	3	A	2个全部选对,无错误选择						
			B							
			C	2个全部选对,另有1个错误选择						
			D	2个全部选对,另有2个或以上错误选择;1个选对或无选对的						
			E	未答题						
3	轮胎保管注意事项	3	A	9个全部答对,无错误选择						
			B	7~8个全部答对,无错误选择						
			C	5~6个全部答对,无错误选择						
			D	4个及以下全部答对,或有1~2个错误选择						
			E	未答题						
合计配分		10		合计得分						

等级	A(优)	B(良)	C(及格)	D(较差)	E(差或未答题)
比值	1.0	0.8	0.6	0.2	0

"评价要素"得分=配分×等级比值。

十一、采购与保管——灭火器的识别与摆放:干粉灭火器(试题代码:4.3.1;考核时间:4 min)

1. 试题单

(1) 场地设备要求

1) 二氧化碳灭火器、干粉灭火器、泡沫灭火器各1瓶。

2) 课桌椅1套。

3) 答题卷及水笔1支(考生答题用)。

(2) 工作任务

1) 识别3种灭火器。

2) 表述干粉灭火器的特点、使用场合及摆放要求。

(3) 技能要求

1) 3种灭火器的识别。

2) 在答题卷上说明干粉灭火器的特点、使用场合及摆放要求。

(4) 质量指标

1) 正确识别3种灭火器。

2) 干粉灭火器的特点、使用场合及摆放要求正确。

2. 评分表

试题名称及编号			4.3.1 采购与保管——灭火器的识别与摆放：干粉灭火器	考核时间					4 min	
评价要素	配分	等级	评分细则	评定等级					得分	
				A	B	C	D	E		
1	灭火器识别	1	A	正确识别3种灭火器						
			B							
			C	正确识别2种灭火器						
			D	正确识别1种灭火器						
			E	未答题						
2	灭火器的使用场合与注意事项	4	A	全部答对，无错误选择						
			B							
			C	答对2/3以上内容，无错误选择						
			D	有错误选择						
			E	未答题						
3	灭火器的摆放位置要求	5	A	10个全部选对，无错误选择						
			B	8~9个全部选对，无错误选择						
			C	6~7个全部选对，无错误选择						
			D	5个及以下全部选对，或有1~2个错误选择						
			E	未答题						
合计配分		10		合计得分						

等级	A（优）	B（良）	C（及格）	D（较差）	E（差或未答题）
比值	1.0	0.8	0.6	0.2	0

"评价要素"得分＝配分×等级比值。

十二、采购与保管——灭火器的识别与摆放：二氧化碳灭火器（试题代码：4.3.2；考核时间：4 min)

1. 试题单

（1）场地设备要求

1）二氧化碳灭火器、干粉灭火器、泡沫灭火器各 1 瓶。

2）课桌椅 1 套。

3）答题卷及水笔 1 支（考生答题用）。

（2）工作任务

1）识别 3 种灭火器。

2）表述二氧化碳灭火器的特点、使用场合及摆放要求。

（3）技能要求

1）3 种灭火器的识别。

2）在答题卷上说明二氧化碳灭火器的特点、使用场合及摆放要求。

（4）质量指标

1）正确识别 3 种灭火器。

2）二氧化碳灭火器的特点、使用场合及摆放要求正确。

2. 评分表

试题名称及编号			4.3.2 采购与保管——灭火器的识别与摆放：二氧化碳灭火器		考核时间			4 min	
评价要素	配分	等级	评分细则		评定等级				得分
					A	B	C	D	E
1 灭火器识别	1	A	正确识别 3 种灭火器						
		B							
		C	正确识别 2 种灭火器						
		D	正确识别 1 种灭火器						
		E	未答题						

续表

试题名称及编号		4.3.2 采购与保管——灭火器的识别与摆放：二氧化碳灭火器			考核时间				4 min	
评价要素	配分	等级	评分细则		评定等级					得分
				A	B	C	D	E		
2	灭火器的使用场合与注意事项	4	A	全部答对，无错误选择						
			B							
			C	答对2/3以上内容，无错误选择						
			D	有错误选择						
			E	未答题						
3	灭火器的摆放位置要求	5	A	10个全部选对，无错误选择						
			B	8～9个全部选对，无错误选择						
			C	6～7个全部选对，无错误选择						
			D	5个及以下全部选对，或有1～2个错误选择						
			E	未答题						
合计配分		10	合计得分							

等级	A（优）	B（良）	C（及格）	D（较差）	E（差或未答题）
比值	1.0	0.8	0.6	0.2	0

"评价要素"得分＝配分×等级比值。

十三、采购与保管——灭火器的识别与摆放：泡沫灭火器（试题代码：4.3.3；考核时间：4 min）

1. 试题单

（1）场地设备要求

1）二氧化碳灭火器、干粉灭火器、泡沫灭火器各1瓶。

2）课桌椅1套。

3）答题卷及水笔1支（考生答题用）。

（2）工作任务

1）识别3种灭火器。

2）表述泡沫灭火器的特点、使用场合及摆放要求。

（3）技能要求

1）3种灭火器的识别。

2）在答题卷上说明泡沫灭火器的特点、使用场合及摆放要求。

（4）质量指标

1）正确识别3种灭火器。

2）泡沫灭火器的特点、使用场合及摆放要求正确。

2. 评分表

试题名称及编号			4.3.3 采购与保管——灭火器的识别与摆放：泡沫灭火器		考核时间			4 min		
评价要素		配分	等级	评分细则	评定等级					得分
					A	B	C	D	E	
1	灭火器识别	1	A	正确识别3种灭火器						
			B							
			C	正确识别2种灭火器						
			D	正确识别1种灭火器						
			E	未答题						
2	灭火器的使用场合与注意事项	4	A	全部答对，无错误选择						
			B							
			C	答对2/3以上内容，无错误选择						
			D	有错误选择						
			E	未答题						
3	灭火器的摆放位置要求	5	A	10个全部选对，无错误选择						
			B	8～9个全部选对，无错误选择						
			C	6～7个全部选对，无错误选择						
			D	5个及以下全部选对，或有1～2个错误选择						
			E	未答题						
合计配分		10		合计得分						

等级	A（优）	B（良）	C（及格）	D（较差）	E（差或未答题）
比值	1.0	0.8	0.6	0.2	0

"评价要素"得分＝配分×等级比值。

十四、采购与保管——出入库管理：收货单中的错误 1（试题代码：4.4.1；考核时间：4 min）

1. 试题单

（1）场地设备要求

1）题卡 4.4.1：上海曹阳汽配有限公司与宁波三斯橡胶厂签订了一份购销合同，合同号为 0203，宁波三斯橡胶厂根据合同于 2014 年 10 月 30 日将单价为 120 元的上海产奥迪 A4 水管 500 套送至汽配店仓库。经上海曹阳汽配有限公司仓库保管员清点实际数量为 480 套。上海曹阳汽配有限公司仓库保管员李××根据上述情况填写了收货单。请指出李××填写的收货单中的错误。

收 货 单

供货单位：上海曹阳汽配有限公司　　合同号码：0203　　开单日期：＿＿＿＿　　贮存仓库：5-3-1

贮存凭证或发票号码：＿＿＿＿　　原定交货日期：　年　月　日　　桩脚号码：＿＿＿＿

货号、品名、规格、牌号	国别/产地	包装及件数	单位	应收数	实收数	单价（元）	实收数金额（元）
奥迪 A4 水管	中国/上海		套	480	500	120	600 000

到车站（港）日期：年　月　日	提运情况	提运员： 运输工具： 接运、进仓、送货日期： 　　　　年　月　日	起运地点： 车船号： 提货单号：	备注	出厂日期： 　年　月　日 贮存期限： 　年　月　日

仓库主管：　　　　点验员：李××　　　　复核：　　　　制单：

2）课桌椅 1 套。

3）答题卷及水笔 1 支（考生答题用）。

（2）工作任务

1) 检查题卡所提供的收货单上的错误。

2) 提出对错误的修改意见。

(3) 技能要求

在答题卷上提出对错误的修改意见。

(4) 质量指标

1) 找出题卡上的 5 个错误。

2) 修改意见正确无误。

2. 评分表

试题名称及编号		4.4.1 采购与保管——出入库管理：收货单中的错误1			考核时间			4 min	
评价要素	配分	等级	评分细则		评定等级				得分
				A	B	C	D	E	
指出收货单中的错误：供货单位、开单日期、应收数、实收数、实收数金额，并进行修改	10	A	5个要素全部答对且无错误选择						
		B	答对4个要素且无错误选择						
		C	答对3个要素且无错误选择						
		D	答对1~2个要素，有错误选择						
		E	未答题						
合计配分	10		合计得分						

等级	A（优）	B（良）	C（及格）	D（较差）	E（差或未答题）
比值	1.0	0.8	0.6	0.2	0

"评价要素"得分＝配分×等级比值。

十五、采购与保管——出入库管理：核对验收单证（试题代码：4.4.2；考核时间：4 min)

1. 试题单

(1) 场地设备要求

1) 题卡 4.4.2：老贾正要下班，见到经常送货的老刘开车送货进来。老刘告诉老贾车上是 100 箱刹车片，老贾招呼人卸货点数，说："老刘是老朋友了，送的货肯定是没问题的。"卸完车并点完老刘说的数后,老贾就把刹车片入库了,将送货单往抽屉里一塞,看也没看就下班了。第二天上班,老贾发现送货单上刹车片件数为110箱。请你分析老贾的验货程序是否有错,并说明应该如何正确地核对验收单证。

2)课桌椅1套。

3)答题卷及水笔1支(考生答题用)。

(2)工作任务

回答题卡所述案例的问题。

(3)技能要求

在答题卷上选择相应选项。

(4)质量指标

收货与验货的程序正确。

2. 评分表

试题名称及编号			4.4.2 采购与保管——出入库管理:核对验收单证		考核时间			4 min	
评价要素	配分	等级	评分细则	评定等级					得分
				A	B	C	D	E	
1	验货程序对错的判断(老贾的做法是错误的)	1	A	确认老贾的做法是错误的					
			B						
			C						
			D	未确认老贾的做法是错误的					
			E	未答题					
2	主要的验收单证	4	A	5个全部选对,无错误选择					
			B	4个全部选对,无错误选择;5个全部选对,另有1个错误选择					
			C	3个全部选对,无错误选择;4个全部选对,另有1个错误选择					
			D	有2个或以上错误选择					
			E	未答题					

续表

试题名称及编号			4.4.2 采购与保管——出入库管理：核对验收单证			考核时间		4 min	
评价要素		配分	等级	评分细则		评定等级			得分
					A	B	C	D	E
3	证件核对的规范	5	A	5个全部选对，无错误选择					
			B	4个全部选对，无错误选择；5个全部选对，另有1个错误选择					
			C	3个全部选对，无错误选择；4个全部选对，另有1个错误选择					
			D	有2个或以上错误选择					
			E	未答题					
合计配分		10		合计得分					

等级	A（优）	B（良）	C（及格）	D（较差）	E（差或未答题）
比值	1.0	0.8	0.6	0.2	0

"评价要素"得分＝配分×等级比值。

十六、采购与保管——出入库管理：出库原则（试题代码：4.4.4；考核时间：4 min）

1. 试题单

（1）场地设备要求

1）题卡4.4.4：某汽配商店于2013年5月进了3只解放刹车总泵，货位号05-1；2014年4月又进了相同型号的刹车总泵5只，货位号07-1。一天，有客户要购买6只这种刹车总泵，仓库保管员将5只货位号为07-1和1只货位号为05-1的该产品给了销售员。根据上述情况分析仓库保管员的做法是否妥当，并说明理由。

2）课桌椅1套。

3）答题卷及水笔1支（考生答题用）。

（2）工作任务

回答题卡所述案例的问题。

（3）技能要求

在答题卷上选择相应选项。

(4) 质量指标

1) 出库原则正确。

2) 出库商品选择正确。

2. 评分表

试题名称及编号			4.4.4 采购与保管——出入库管理：出库原则		考核时间			4 min	
评价要素	配分	等级	评分细则		评定等级				得分
					A	B	C	D	E
1	仓库保管员的做法正确与否的判断（做法是错误的）	2	A	确认做法是错误的					
			B						
			C						
			D	未确认做法是错误的					
			E	未答题					
2	出库原则（先进先出、推陈储新）	4	A	2个全部选对，无错误选择					
			B						
			C	2个全部选对，另有1个错误选择					
			D	2个全部选对，另有2个或以上错误选择；1个选对或无选对的					
			E	未答题					
3	正确做法	4	A	2个全部选对，无错误选择					
			B						
			C	2个全部选对，另有1个错误选择					
			D	2个全部选对，另有2个或以上错误选择；1个选对或无选对的					
			E	未答题					
合计配分		10	合计得分						

等级	A（优）	B（良）	C（及格）	D（较差）	E（差或未答题）
比值	1.0	0.8	0.6	0.2	0

"评价要素"得分＝配分×等级比值。

十七、采购与保管——出入库管理：收货单中的错误 3（试题代码：4.4.5；考核时间：4 min）

1. 试题单

(1) 场地设备要求

1) 题卡 4.4.5：上海曹阳汽配有限公司与宁波三斯橡胶厂签订了一份购销合同，合同号为 0203，宁波三斯橡胶厂根据合同于 2014 年 10 月 30 日将单价为 120 元的上海产奥迪 A4 水管 500 套送至汽配店仓库。经上海曹阳汽配有限公司仓库保管员清点实际数量为 480 套。上海曹阳汽配有限公司仓库保管员李××根据上述情况填写了收货单。请指出李××填写的收货单中的错误。

收 货 单

供货单位：<u>宁波三斯橡胶厂</u>　　合同号码：<u>0302</u>　　开单日期：<u>2014 年 4 月 13 日</u>　　贮存仓库：<u>5-3-1</u>
贮存凭证或发票号码：_____　　原定交货日期：　年　月　日　　桩脚号码：_____

货号、品名、规格、牌号	国别/产地	包装及件数	单位	应收数	实收数	单价（元）	实收数金额（元）
奥迪 A4 水管	中国/上海		套	500	480	100	48 000

到车站（港）日期　年　月　日	提运情况	提运员：	起运地点：	备注	出厂日期　年　月　日
		运输工具：	车船号：		
		接运、进仓、送货日期　年　月　日	提货单号：		贮存期限　年　月　日

仓库主管：　　　　点验员：　　　　复核：　　　　制单：

2) 课桌椅 1 套。

3) 答题卷及水笔 1 支（考生答题用）。

(2) 工作任务

1) 检查题卡所提供的收货单上的错误。

2) 提出对错误的修改意见。

(3) 技能要求

在答题卷上提出对错误的修改意见。

(4) 质量指标

1) 找出题卡上的 5 个错误。

2) 修改意见正确无误。

2. 评分表

试题名称及编号			4.4.5 采购与保管——出入库管理：收货单中的错误 3		考核时间				4 min	
评价要素	配分	等级	评分细则		评定等级					得分
					A	B	C	D	E	
指出收货单中的错误：开单日期、合同号码、单价、实收数金额、制单人，并进行修改	10	A	5 个要素全部答对且无错误选择							
		B	答对 4 个要素且无错误选择							
		C	答对 3 个要素且无错误选择							
		D	答对 1~2 个要素，另有错误选择							
		E	未答题							
合计配分	10		合计得分							

等级	A（优）	B（良）	C（及格）	D（较差）	E（差或未答题）
比值	1.0	0.8	0.6	0.2	0

"评价要素"得分＝配分×等级比值。

第5部分

理论知识考试模拟试卷

商品营业员（汽车配件）（五级）理论知识试卷

注 意 事 项

1. 考试时间：90 min。
2. 请首先按要求在试卷的标封处填写您的姓名、准考证号和所在单位的名称。
3. 请仔细阅读各种题目的回答要求，在规定的位置填写您的答案。
4. 不要在试卷上乱写乱画，不要在标封区填写无关的内容。

	一	二	总分
得分			

得分	
评分人	

一、判断题（第1题～第60题。将判断结果填入括号中。正确的填"√"，错误的填"×"。每题0.5分，满分30分）

1. 从签发的次日算起，支票付款期为10天，到期日遇例假日顺延支票付款期为10天。
（　　）

2. 生产者在产品包装上必须标明英文的产品名称、厂名、厂址。　　　　　　（　　）

3. 失效产品可以降价销售。（   ）

4. 经营者有侮辱诽谤、搜查身体、侵犯人身自由等侵害消费者或者其他受害人人身权益的行为，造成严重精神损害的，受害人可以要求精神损害赔偿。（   ）

5. 为了满足商厦举办店庆特卖的规定，销售员可以在原来的标价上加注"优惠价"。
（   ）

6. 合同是当事人在意思表示一致的前提下自愿订立的。（   ）

7. 口头合同容易引起异议，所以我国合同法并不认可该种合同形式。（   ）

8. 汽油、液化石油气等残液可以倒入下水道。（   ）

9. 汽配商场和库房内可以辟出一定的空间抽烟。（   ）

10. 进行汽车检修时的常用工具主要包括开口扳手、套筒扳手、火花塞套筒扳手、量缸表等。（   ）

11. 游标卡尺是一种中等精度测量的量具。（   ）

12. kg 是常用的长度计量单位。（   ）

13. 半轴、传动轴、冷却、空调软管等的计量单位是条。（   ）

14. 汽车零部件使用的金属材料有黑色金属和有色金属两大类。（   ）

15. 汽车常用非金属材料包括橡胶件、塑料件和摩擦件等。（   ）

16. 在我国汽车保有量中，汽油车约占75%，汽油仍然是汽车的主要燃料。（   ）

17. 柴油分为重柴油和轻柴油，汽车发动机用的是重柴油。（   ）

18. 国家规定，2005年以后出厂的新车，不准使用R-12作为汽车空调制冷剂。（   ）

19. 不同类型的制动液可以混合使用，不会出现制动液分层而失去制动作用的现象。
（   ）

20. 高尔夫是上海大众旗下的汽车品牌。（   ）

21. 上海通用汽车旗下品牌有凯迪拉克、别克和雪佛兰。（   ）

22. 轿车的主参数代号是发动机排量[L]。（   ）

23. 国际上均使用VIS车辆识别代码对车辆进行编号。（   ）

24. 柴油发动机与汽油发动机一样，都由两大机构和五大系统组成。（   ）

25. 大多数汽车发动机都采用往复活塞式内燃机。（   ）

26. 车轮、刹车、传动轴、保险杠等都属于底盘类汽车配件。　　　　　（　）
27. 保证汽车行驶平顺是汽车行驶系的功用之一。　　　　　　　　　（　）
28. 蓄电池是汽车的辅助电源，向起动机或其他用电设备供电。　　　（　）
29. 点火线圈是产生点火所需低压电的装置。　　　　　　　　　　　（　）
30. 汽车信号系统的主要作用是向车辆发出警告或示意信号。　　　　（　）
31. 为了使汽车轻量化，绝大多数轿车车身都采用非承载式结构。　　（　）
32. 汽车配件销售是汽车配件生产与消费的"中介"。　　　　　　　　（　）
33. 汽车配件销售企业的主要作用就是满足汽车配件市场的消费需求。（　）
34. 商品陈列突出的是商品，要使顾客方便购买。　　　　　　　　　（　）
35. 汽配商场陈列的商品不一定要明码标价。　　　　　　　　　　　（　）
36. 商品陈列要使顾客选取商品方便，要有容量感，陈列用的道具要协调。（　）
37. 汽车按照用途可分为商用汽车、运输汽车和特种用途汽车三大类。（　）
38. 货款合一的收款方式就是顾客当即付款、当即取货，钱货两清的收款方法。（　）
39. 营业员送别顾客，其基本要求是亲切自然、用语恰当，但在繁忙的情况下，可以不予理会。　　　　　　　　　　　　　　　　　　　　　　　　　　　　　　（　）
40. 消费者的需求按其形式可分为生存需求、享受需求和精神需求。　（　）
41. 顾客购物后的满足感体现在购物终了时的满足感和使用购买品时的满足感。（　）
42. 社会交往的互惠原则包括物质和金钱两方面的互惠互利。　　　　（　）
43. 现在人们常用名片代替自我介绍，一般发名片的顺序应是地位高的先把名片交给地位低的，年轻的先把名片交给年老的。　　　　　　　　　　　　　　　　　　（　）
44. 顾客对商场服务的投诉主要是对营销员的服务质量、服务态度、服务方式、服务技巧等方面提出的批评与抱怨。　　　　　　　　　　　　　　　　　　　　　　（　）
45. 销售人员在计算货款时，计价的整个过程都不应该让顾客看到。　（　）
46. 原始凭证根据经济业务活动的执行和完成情况来填制，不具有法律效力。（　）
47. 柜组核算用于考核整个柜组或个人的经济效益。　　　　　　　　（　）
48. 柜组核算常采用"售价金额核算、实物负责制"的方法。　　　　（　）
49. 企业售后服务质量的好坏与产品的市场占有率无直接关系。　　　（　）

50. 配件销售员与客户建立长久感情，最好的办法是与客户保持经常性的联系。（   ）

51. 客户档案的建立一般采用卡片与电子文档的形式。（   ）

52. 建立客户档案的目的在于及时与客户联系，了解客户的要求并对其做出答复。（   ）

53. 在汽车运行中，自然老化、失效和到期必须更换的零件属于易损件。（   ）

54. 在汽车运行中，自然磨损而失效的零件属于消耗件。（   ）

55. 汽车在一定的运行周期内必须更换的零件属于维修零件。（   ）

56. 按国家标准设计与制造的零件属于基础件。（   ）

57. 汽车质量保修申请单上的"盖章"栏，应盖保修业务章。（   ）

58. "纯正部品"是进口汽车配件中的一个常用名称。（   ）

59. 网点开设前的店铺经营项目选择至关重要。（   ）

60. 新品信息应该放在网店店铺的尾页，以清晰、有序的方式展示出来。（   ）

得分	
评分人	

二、单项选择题（第1题～第70题。选择一个正确的答案，将相应的字母填入题内的括号中。每题1分，满分70分）

1. 社会主义核心价值观在社会层面的价值取向是自由、（   ）、公正、法治。
   A. 平等　　B. 诚信　　C. 富强　　D. 安定

2. 吃苦耐劳、严于律己、认真负责、不懈怠、不懒散都是（   ）的具体表现。
   A. 违纪　　B. 敬业　　C. 诚信　　D. 服务

3. （   ）是最常用的同城结算手段。
   A. 支票结算　　B. 商业汇票结算　　C. 现金结算　　D. 银行汇票结算

4. 企业在产品或者其包装上使用产品质量认证标志，应经（   ）认证合格。
   A. 国家质量管理部门　　B. 国家认可的认证机构
   C. 行业管理部门　　D. 企业委托的中介机构

5. 消费者为生活消费需要购买、使用商品或者接受服务，其权益受（   ）的保护。
   A. 消费者权益保护法　　B. 婚姻法
   C. 劳动合同法　　D. 行政诉讼法

6. 买卖双方议定合同条款后约定 6 月 4 日签订购销合同，但是卖方于 5 月 28 日就送货上门，买方也验收了货物，此时该合同（　　）。

　　A. 成立　　　　　B. 签收后成立　　C. 不成立　　　　D. 盖章后成立

7. 不容易发生易燃的物质是（　　）。

　　A. 煤　　　　　　B. 汽油　　　　　C. 布匹　　　　　D. 纸张

8. 灭火器应该（　　）进行一次检查。

　　A. 半年　　　　　B. 3 个月　　　　C. 1 年　　　　　D. 3 年

9. 加快培育和发展（　　）汽车，既是缓解燃油供应矛盾、减少尾气排放、改善大气环境的需要，也是未来和谐社会汽车的需求。

　　A. 无铅汽油　　　B. 节能环保　　　C. 轻柴油　　　　D. 有铅汽油

10. 国内汽油发动机油的代号已统一改用国际通用的"（　　）"代号。

　　A. Q　　　　　　B. S　　　　　　C. B　　　　　　D. G

11. 车辆发动机水箱冷却液必须定期更换，一般为（　　）年或行程 3 万～4 万 km 更换一次。

　　A. 半　　　　　　B. 1　　　　　　C. 2　　　　　　D. 3

12. 车辆使用过程中，变速箱内的零件会产生一定程度的磨损，铁粉会使油品（　　），使变速箱的工作效率大幅下降。

　　A. 变黑　　　　　B. 变稠　　　　　C. 变清　　　　　D. 变黑变稠

13. 中国第一汽车集团公司主要车型有奥迪、（　　）、捷达、高尔夫、红旗等。

　　A. 波罗　　　　　B. 赛欧　　　　　C. 飞度　　　　　D. 宝来

14. 汽车平均燃料消耗量的单位是（　　）。

　　A. L/km　　　　　B. L/m　　　　　C. L/100 m　　　　D. L/100 km

15. 汽车通常由发动机、底盘、（　　）和电气设备四部分组成。

　　A. 车身　　　　　B. 曲柄连杆机构　C. 制动装置　　　D. 行驶系

16. 汽车内燃机型号后部结构特征中的 F 表示（　　）。

　　A. 水冷　　　　　B. 风冷　　　　　C. 凝汽冷却　　　D. 增压

17. 曲柄连杆机构是将（　　）而输出动力的机构。

A. 活塞的旋转运动转变为曲轴的直线运动

B. 活塞的直线往复运动转变为曲轴的旋转运动

C. 活塞的直线往复运动转变为曲轴的直线运动

D. 活塞的旋转运动转变为曲轴的旋转运动

18. 气门导管的主要作用是保证气门做（　　）运动。

　　A. 旋转　　　　B. 弧线　　　　C. 直线　　　　D. 曲线

19. （　　）的作用是除去汽油中的杂质和水分，以保证燃油系统的正常工作。

　　A. 汽油泵　　　B. 汽油滤清器　　C. 集滤器　　　D. 油压调节器

20. （　　）的作用是使冷却水循环。

　　A. 发动机　　　B. 水泵轴承　　　C. 水泵　　　　D. 叶轮

21. 轿车上普遍采用（　　）转向器。

　　A. 循环球—齿条齿扇式　　　　B. 循环球曲柄指销式

　　C. 齿轮齿条式　　　　　　　　D. 蜗杆曲柄指销式

22. 轿车上全部采用（　　）制动。

　　A. 气压　　　　B. 混合　　　　C. 液压　　　　D. 水压

23. 交流发电机的转子是由（　　）驱动的。

　　A. 驱动轴　　　B. 发动机　　　C. 半轴　　　　D. 水泵

24. 现今轿车上使用的组合仪表都是（　　）仪表。

　　A. 机械式　　　B. 电子式　　　C. 综合式　　　D. 普通式

25. 商业又分为（　　）。

　　A. 服务业和修理业　　　　　　B. 零售业和饮食业

　　C. 零售业和批发业　　　　　　D. 服务业和批发业

26. 配件销售营业场地的布置要体现经销商（　　）的特征。

　　A. 灵活、专业　　　　　　　　B. 诚信、灵活

　　C. 务实、清洁　　　　　　　　D. 专业、诚信、务实

27. 商业广告的主要作用有（　　）、指导消费和有利竞争。

　　A. 传递信息　　B. 加强诚信　　C. 宣传商品　　D. 了解客户

28. 在门店营业前，营业员的准备工作内容包括商品的准备、售货用具的准备、营业场地的清理和（　　）等方面。

　　A. 个人卫生　　B. 商品分类　　C. 商品补缺　　D. 整理商品

29. 营业员向顾客推荐商品，是（　　）的一种重要手段。

　　A. 促进销售、介绍企业　　　　B. 指导消费、介绍商品

　　C. 促进销售、指导消费　　　　D. 展示企业文化

30. 营业员将商品递交给顾客的基本要求是（　　）、准确礼貌。

　　A. 速度快　　B. 微笑准确　　C. 主动递交　　D. 被动递交

31. 顾客在柜台前注意商品价格和其他同类商品，说明他正处于（　　）购买心理过程的阶段。

　　A. 注意　　B. 兴趣　　C. 联想　　D. 比较

32. "十四字"文明礼貌用语是：您、请、欢迎、对不起、（　　）、没关系、再见。

　　A. 不客气　　B. 谢谢　　C. 不必　　D. 抱歉

33. 汽配销售柜组的经营分工有品种系列和（　　）系列。

　　A. 车型　　B. 功能　　C. 品牌　　D. 豪华

34. 汽配销售员在向客户介绍商品质量保修规定时，必须把保修年限、（　　）、费用承担等客户十分关心的问题讲清楚。

　　A. 保修日期　　B. 付款方式　　C. 承保范围　　D. 供应特点

35. 一般售给用户的车辆，按当时的技术水平，在其材料和制造质量方面均无缺陷，质量担保期从（　　）之日起算，为期12个月，公里数不计。

　　A. 购车款付清　　B. 领取行车证　　C. 取得牌照　　D. 取得车辆

36. 制定专门的投诉制度，确定投诉的范围与专职人员来管理与处理客户投诉，这是处理客户投诉时的（　　）原则。

　　A. 留档分析　　B. 有章可循　　C. 及时处理　　D. 分清责任

37. 处理客户投诉时，要详细记录客户的全部投诉内容，其中不可忽略的有事件是何时发生的、有关的商品是什么、价格多少、（　　）、顾客希望以何种方式解决、顾客是否通情达理等。

A. 当时的营业员是谁　　　　　　　　B. 当时的柜组长是谁

C. 当时的营业经理是谁　　　　　　　D. 当时与客户同来的朋友是谁

38. 在销售过程中，主要是通过（　　）逐渐弄清客户意图并引导其购买商品。

A. 测试和交谈　　B. 观察和测试　　C. 观察和实验　　D. 观察和交谈

39. 下列属于成交信号表现形式的是（　　）。

A. 顾客对产品爱理不理

B. 顾客主动出示有关商品的情报和资料

C. 顾客随便看看

D. 顾客对商品比较感兴趣

40. 口头合同的缺点是（　　）、容易发生误会并产生争议、取证困难、不易分清责任。

A. 没有凭证　　B. 直接　　C. 简洁快速　　D. 现金结算

41. 购销合同的内容由当事人约定，以下（　　）不是其主要条款。

A. 产品形状　　B. 标的　　C. 数量　　D. 质量

42. 在售货业务结束后，汽配销售员应向顾客出具（　　）。

A. 发票　　B. 销售日报表　　C. 收据　　D. 清单

43. 现金真伪最简便的识别法是（　　）。

A. 丈量法　　B. 质感法　　C. 观察法　　D. 记忆法

44. 正常损耗是指非人为因素造成的，即不可避免地在（　　）的损耗。

A. 一定限度之内　　　　　　　　B. 一定限度之外

C. 无限度　　　　　　　　　　　D. 差错范围内

45. 对于同城结算的客户，以办完（　　）为准来填写汽车配件销货日报表中的年月日。

A. 委托银行收款手续之日　　　　B. 开出发票之日

C. 对方银行拨款之日　　　　　　D. 取得现金或支票

46. 销售员与客户联系时多向客户提出问题，有利于（　　）。

A. 确保完全理解客户的需求　　　B. 让客户成为本公司的会员

C. 确保销售员的销售业绩　　　　D. 培养客户的兴趣

47. 我国现行的汽车维修制度，属于（　　）维修制度。
    A. 计划预防　　　B. 计划强制　　　C. 自愿预防　　　D. 视情修理

48. 在保修期内，下列（　　）情况，厂家会认为不属于质量保修范围。
    A. 用户擅自改变车辆用途　　　　　B. 音响损坏
    C. 门锁出现故障　　　　　　　　　D. 离合器损坏

49. 从企业经营的角度看，购进就是为了销售而向生产企业或其代理商、批发商取得（　　）。
    A. 资金　　　　　B. 资源　　　　　C. 客户　　　　　D. 合同

50. （　　）一定是假冒伪劣产品。
    A. 小厂产品　　　　　　　　　　　B. 名牌产品
    C. 质量信得过产品　　　　　　　　D. 生产厂家的次品

51. 商品入库业务涉及供应商、（　　）、保险公司及收货单位等当事人的权利和义务关系。
    A. 生产企业　　　B. 承运商　　　　C. 中间商　　　　D. 调剂市场

52. 验收就是根据验收依据和凭证，对入库的配件进行（　　）。
    A. 审核和监督　　B. 查收和检查　　C. 审核和查收　　D. 检查和促进

53. 常见的入库凭证有产品入库单、（　　）、调拨单、退货通知单。
    A. 收料单　　　　B. 出库单　　　　C. 货卡　　　　　D. 商品标识

54. 接收配件进行验收前要掌握汽车配件的（　　）等，做到心中有数。
    A. 到达时间、地点、品种和数量　　B. 到达车站
    C. 商品的重量　　　　　　　　　　D. 商品的规格

55. 建立配件商品档案应（　　）。
    A. 一物一档　　　B. 一物多档　　　C. 多物一档　　　D. 同类物一档

56. 配件仓储中的查（　　）是查实物与账卡的记载是否准确，核对账、卡、物是否一致。
    A. 用途　　　　　B. 标识卡　　　　C. 货卡　　　　　D. 数量

57. 配件商品有变质迹象或发生变质时，仓库应（　　），且查明原因，提出改进措施。

A. 按维护保养要求处理　　　　B. 通知货主及时处理
C. 更改保管期限　　　　　　　D. 丢弃货物

58. 汽车配件出库应贯彻"（　　）""单据手续齐全""节约用料"的原则。
A. 先进后出、推陈储新　　　　B. 先进先出、储陈推新
C. 后进先出、推陈储新　　　　D. 先进先出、推陈储新

59. 所有的汽配商品出库都必须有一定的（　　）。
A. 凭证手续　　B. 制度　　C. 入库单　　D. 领导签字

60. 对"白条"和手续不符的出库凭证，仓库应（　　）发货。
A. 允许　　　　　　　　　　　B. 拒绝
C. 经单位领导同意后可以　　　D. 有证人即可

61. 同类商品集中存放，在有利于安全的原则下（　　），从而节约仓库。
A. 化整为零　　B. 存储方便　　C. 集零为整　　D. 安放自如

62. 贵重商品最易采用（　　）仓储方法，还要指定专人保管。
A. 单一货物专仓　　　　　　　B. 分类分区
C. 同类同区　　　　　　　　　D. 分类同区

63. 汽车配件入库时，保管员要根据汽车配件堆码位置，把货位号注明在（　　）上。
A. 出库凭证　　B. 入库凭证　　C. 发票　　D. 领料单

64. 商品验收入库，根据仓库储存规划确定货位后，即应进行（　　）。
A. 混合堆码　　B. 平铺苫垫　　C. 堆码或苫垫　　D. 随意摆放

65. 商品堆码采用"五五化"，即码成（　　）的倍数，便于记数和发货。
A. 5　　　　　B. 10　　　　　C. 15　　　　　D. 25

66. 汽车配件的堆码，首先要保证（　　）的安全。
A. 人身、车辆　　　　　　　　B. 汽配商品、贵金属
C. 仓库、楼板　　　　　　　　D. 人身、汽配商品与仓库

67. 电子商务的五个要素是：营销、订单、支付、（　　）和售后服务。
A. 商品交付　　B. 商品运输　　C. 商品购买　　D. 商品保管

68. （　　）是指网络消费者登录网店以后看到的界面。

A. 网店前台　　　　B. 网店后台　　　　C. 网店仓库　　　　D. 网店货柜

69. 慧聪网是（　　）第三方电子商务平台。

　　A. B2B　　　　　B. B2C　　　　　C. C2C　　　　　D. 团购

70. 网店内容中维护最频繁的部分是（　　）。

　　A. 网店介绍　　　B. 店铺公告　　　C. 商品信息　　　D. 促销信息

商品营业员（汽车配件）（五级）理论知识试卷答案

一、判断题（第1题～第60题。将判断结果填入括号中。正确的填"√"，错误的填"×"。每题0.5分，满分30分）

1. √	2. ×	3. ×	4. √	5. ×	6. √	7. ×	8. ×	9. ×
10. ×	11. √	12. ×	13. ×	14. √	15. √	16. √	17. √	18. ×
19. ×	20. ×	21. √	22. √	23. ×	24. ×	25. √	26. ×	27. √
28. √	29. ×	30. ×	31. ×	32. √	33. ×	34. √	35. ×	36. √
37. ×	38. √	39. ×	40. √	41. √	42. ×	43. ×	44. √	45. ×
46. ×	47. √	48. √	49. ×	50. √	51. √	52. ×	53. ×	54. ×
55. √	56. ×	57. √	58. √	59. √	60. ×			

二、单项选择题（第1题～第70题。选择一个正确的答案，将相应的字母填入题内的括号中。每题1分，满分70分）

1. A	2. B	3. A	4. B	5. A	6. A	7. B	8. A	9. B
10. B	11. C	12. C	13. D	14. D	15. A	16. B	17. B	18. C
19. B	20. C	21. C	22. C	23. B	24. B	25. C	26. D	27. A
28. A	29. C	30. C	31. D	32. B	33. A	34. C	35. B	36. B
37. A	38. D	39. B	40. A	41. A	42. A	43. C	44. A	45. D
46. A	47. A	48. A	49. B	50. D	51. B	52. C	53. A	54. A
55. A	56. D	57. A	58. A	59. A	60. B	61. C	62. A	63. B
64. C	65. A	66. D	67. A	68. A	69. A	70. D		

第6部分

操作技能考核模拟试卷

注 意 事 项

1. 考生根据操作技能考核通知单中所列的试题做好考核准备。

2. 请考生仔细阅读试题单中的具体考核内容和要求，并按要求完成操作或进行笔答或口答，若有笔答请考生在答题卷上完成。

3. 操作技能考核时要遵守考场纪律，服从考场管理人员指挥，以保证考核安全顺利进行。

注：操作技能鉴定试题评分表及答案是考评员对考生考核过程及考核结果的评分记录表，也是评分依据。

国家职业资格鉴定

商品营业员（汽车配件）（五级）
操作技能考核通知单

姓名：

准考证号：

考核日期：

试题 1

试题代码：1.1.1

试题名称：常用汽车配件与车标识别——选择汽车发动机类配件

考核时间：3 min

配分：15 分

试题 2

试题代码：1.2.1

试题名称：常用汽车配件与车标识别——识别汽车轮胎 A

考核时间：5 min

配分：15 分

试题 3

试题代码：2.1.1

试题名称：销售实务

考核时间：8 min

配分：30 分

试题 4

试题代码：3.1.1

试题名称：售后服务——电话联系客户，制作客户资料卡 A

考核时间：8 min

配分：20 分

试题 5

试题代码：4.1.1

试题名称：采购与保管——制作库存卡 A

考核时间：4 min

配分：10 分

试题 6

试题代码：4.2.1

试题名称：采购与保管——火花塞等配件的陈列与摆放

考核时间：4 min

配分：10 分

商品营业员（汽车配件）（五级）操作技能鉴定

试 题 单

试题代码：1.1.1

试题名称：常用汽车配件与车标识别——选择汽车发动机类配件

考核时间：3 min

1. 场地设备要求

(1) 货架上放置汽车配件 24 件（发动机类、底盘类、电器类、车身类各 6 件）。

(2) 课桌椅 2 套。

(3) 答题卷及水笔 1 支（考生答题用）。

2. 工作任务

(1) 考生从 24 件配件中正确选出发动机类的配件。

(2) 在答题卷上写出所选配件的编号。

3. 技能要求

(1) 从实物中选择该类配件。

(2) 在答题卷上选择所选配件的编号。

4. 质量指标

(1) 实物选择正确。

(2) 答题卷所填配件的编号正确。

商品营业员(汽车配件)(五级)操作技能鉴定
试题评分表及答案

试题名称及编号		1.1.1 常用汽车配件与车标识别——选择汽车发动机类配件					考核时间	3 min
评价要素	配分	等级	评分细则	\multicolumn{5}{c	}{评定等级}	得分

评价要素	配分	等级	评分细则	A	B	C	D	E	得分
选择正确	15	A	选对6件并正确表述出名称						
		B	选对5件并正确表述出名称						
		C	选对4件并正确表述出名称						
		D	选对1~3件并正确表述出名称						
		E	未答题						
合计配分	15		合计得分						

考评员(签名):

等级	A(优)	B(良)	C(及格)	D(较差)	E(差或未答题)
比值	1.0	0.8	0.6	0.2	0

"评价要素"得分=配分×等级比值。

参考答案:

发动机类配件:活塞、进气歧管、活塞环、连杆、气门、曲轴。

商品营业员（汽车配件）（五级）操作技能鉴定

试 题 单

试题代码：1.2.1

试题名称：常用汽车配件与车标识别——识别汽车轮胎 A

考核时间：5 min

1. 场地设备要求

（1）台架子上放置 10 条不同品牌（邓禄普、佳通、回力、玛吉斯、马牌、韩泰、锦湖、固特异、普利司通、米其林）、不同规格的轿车轮胎。

（2）课桌椅 2 套。

（3）答题卷及水笔 1 支（考生答题用）。

2. 工作任务

（1）在实物中找出邓禄普、佳通、回力 3 条轮胎。

（2）找出邓禄普轮胎的规格标记。

（3）在答题卷上填写答案。

3. 技能要求

（1）在答题卷上写出邓禄普、佳通、回力 3 条轮胎的编号。

（2）在答题卷上写出邓禄普轮胎规格的含义。

4. 质量指标

正确表述轮胎的品牌名称及规格含义。

商品营业员（汽车配件）（五级）操作技能鉴定
试题评分表及答案

试题名称及编号			1.2.1 常用汽车配件与车标识别——识别汽车轮胎A		考核时间			5 min	
评价要素	配分	等级	评分细则	评定等级					得分
				A	B	C	D	E	
1	识别轮胎品牌	5	A	选对3条并正确表述出名称，并找出邓禄普轮胎的规格标记					
			B	选对2条并正确表述出名称，并找出邓禄普轮胎的规格标记					
			C	选对2条并正确表述出名称					
			D	选对1条并正确表述出名称					
			E	未答题					
2	识别轮胎规格（宽度、扁平比、子午线结构、钢圈直径、载重系数、速度等级）	10	A	答对6个要素的含义、数值及对应单位					
			B	答对5个要素的含义、数值及对应单位					
			C	答对4个要素的含义、数值及对应单位					
			D	答对3个及以下要素的含义、数值及对应单位					
			E	未答题					
合计配分		15	合计得分						

考评员（签名）：

等级	A（优）	B（良）	C（及格）	D（较差）	E（差或未答题）
比值	1.0	0.8	0.6	0.2	0

"评价要素"得分=配分×等级比值。

参考答案：

1. 选择5条轮胎品牌。

DUNLOP	邓禄普轮胎	Hankook	韩泰轮胎
Giti	佳通轮胎	KUMHO TIRES	锦湖轮胎
回力 Warrior	回力轮胎	GOOD YEAR	固特异轮胎
MAXXIS	玛吉斯轮胎	BRIDGESTONE	普利司通轮胎
Continental	马牌轮胎	MICHELIN	米其林轮胎

2. 轮胎规格。

例：185/60 R 14 82 H

答案：185 表示轮胎胎面宽度（mm），60 表示扁平比（轮胎侧面高度占胎面宽度的百分比），R 表示子午线结构，14 表示钢圈直径或轮胎内径（英寸），82 表示载重系数，H 表示速度等级。

商品营业员（汽车配件）（五级）操作技能鉴定

试 题 单

试题代码：2.1.1

试题名称：销售实务

考核时间：8 min

1. 场地设备要求

(1) 三层货架1个。

(2) 商品：润滑油（嘉实多磁护系列、壳牌喜力系列）、空气滤清器、机油滤清器、汽油滤清器、空调滤清器等实物样品（量足，能摆满货架）。

(3) 所有商品零售标价签。

(4) 营业员证。

(5) 抹布1块。

(6) 客户已购物记录单5份。

(7) 答题卷及水笔1支（考生答题用）。

2. 工作任务

销售工作的全过程（售前准备、接待客户、商品介绍、交易成功）。

3. 技能要求

(1) 售前准备。

(2) 接待客户与商品介绍。

(3) 填写提货单。

4. 质量指标

(1) 售前准备：货品整理要求分类清楚，排列整齐，货品标价牌清晰；货架整洁，无灰尘、无杂物；个人仪容仪表整洁，佩戴营业员标志。

(2) 接待客户：站在合适的位置上，有良好的站姿；介绍产品实事求是，态度和气，口齿清晰；主动递交商品，示意告别。

（3）商品介绍：向客户介绍其欲购买产品的品牌、产地、特点和作用、使用及保养方法。

（4）填写提货单：填写规范，字迹清楚，不得涂改。

商品营业员(汽车配件)(五级)操作技能鉴定
试题评分表及答案

试题名称及编号			2.1.1 销售实务	考核时间				8 min	
评价要素	配分	等级	评分细则	评定等级					得分
				A	B	C	D	E	
1	售前准备:货品陈列归类正确;货架整洁,无灰尘及杂物;商品与商品价格标牌对应无误;佩戴营业员标志	5	A	能做到4个要素					
			B	能做到3个要素(第三条必须正确)					
			C	能做到2个要素(第三条必须正确)					
			D	能做到2个以下要素或第三条不正确					
			E	未答题					
2	接待客户:站立位置合理,站姿符合要求;产品介绍熟练,态度和气,口齿清晰;告别词语明确	5	A	能做到3个要素					
			B						
			C	能做到2个要素					
			D	能做到2个以下要素					
			E	未答题					
3	商品介绍:询问客户的汽车品牌及年款车型;商品的品牌、功能;使用方法的介绍均正确	10	A	能做到3个要素					
			B						
			C	能做到2个要素(第一要素必须正确)					
			D	能做到2个以下要素(缺第一要素)					
			E	未答题					
4	填写提货单:开票日期、提货单位、品名规格、计量单位、数量、单价、合计人民币大写、合计人民币小写、制单人	10	A	9个要素全部填写正确					
			B	8个要素填写正确						
			C	6个要素填写正确					
			D	5个及以下要素填写正确					
			E	未答题					
合计配分	30		合计得分						

考评员(签名):

等级	A(优)	B(良)	C(及格)	D(较差)	E(差或未答题)
比值	1.0	0.8	0.6	0.2	0

"评价要素"得分=配分×等级比值。

商品营业员（汽车配件）（五级）操作技能鉴定

试 题 单

试题代码：3.1.1

试题名称：售后服务——电话联系客户，制作客户资料卡 A

考核时间：8 min

1. 场地设备要求

（1）电话机 2 部。

（2）客户名片及客户购物情况。

顾一成 营业部副经理

上海铭铭汽车装饰用品有限公司

地址：上海真北路 1700 号　　　　邮编：200333

手机：13080011088　　　　　　　传真：021-52781000

电话：021-52080000　　　　　　　开户行：上海浦发银行普陀支行

邮箱：11@163.com　　　　　　　 账号：076343-4122123500

网址：www.mingming.com.cn　　 税号：31010670310000

购物记录1：上海铭铭汽车装饰用品有限公司

2014-5-1 第一次购买：2 组桑塔纳 2000 型飞鹰牌刹车片，每组单价为 60 元，总货款 120 元，当场付款提货。

（3）课桌椅 1 套。

（4）答题卷及水笔 1 支（考生答题用）。

2. 工作任务

（1）电话联系客户。

（2）制作客户资料卡。

3．技能要求

（1）按所提供的客户名片及客户购物情况、公司促销宣传广告内容与客户电话沟通。

（2）在答题卷上制作客户资料卡。

4．质量指标

（1）电话联系客户礼仪礼节规范，沟通内容全面。

（2）客户资料卡制作内容完整。

商品营业员（汽车配件）（五级）操作技能鉴定

试题评分表及答案

试题名称及编号		3.1.1 售后服务——电话联系客户，制作客户资料卡 A			考核时间			8 min	
评价要素	配分	等级	评分细则		评定等级				得分
					A	B	C	D	E	
1	电话礼仪：礼貌用语，自我介绍，有结束语，待对方放下话筒后再挂机	4	A	能做到 4 个要素						
			B							
			C	能做到 3 个要素						
			D	能做到 2 个及以下要素						
			E	未答题						
2	电话沟通内容：询问已购商品的使用情况，售货人员服务态度，向客户介绍本店铺的最新活动	6	A	能做到 3 个要素						
			B							
			C	能做到 2 个要素						
			D	只做到 2 个以下要素						
			E	未答题						
3	填写客户资料卡：消费者信息，交易记录，联系记录	10	A	3 个要素全部正确						
			B							
			C	2 个要素全部正确						
			D	2 个以下要素正确						
			E	未答题						
合计配分	20		合计得分							

考评员（签名）：

等级	A（优）	B（良）	C（及格）	D（较差）	E（差或未答题）
比值	1.0	0.8	0.6	0.2	0

"评价要素"得分＝配分×等级比值。

商品营业员（汽车配件）（五级）操作技能鉴定

试 题 单

试题代码：4.1.1

试题名称：采购与保管——制作库存卡 A

考核时间：4 min

1. 场地设备要求

（1）题卡（4.1.1）：上海曹阳汽配有限公司于 2014 年 10 月 3 日第一次购进斯柯达 2000 型飞鹰牌刹车片 10 套，当日售出 8 套；10 月 5 日售出 2 套；10 月 20 日第二次又购进相同型号 3 套。根据上述情况填写商品库存卡。

（2）课桌椅 1 套。

（3）答题卷及水笔 1 支（考生答题用）。

2. 工作任务

制作该商品的库存卡。

3. 技能要求

在答题卷上制作该商品的库存卡。

4. 质量指标

制作的商品库存卡内容完整无误。

商品营业员（汽车配件）（五级）操作技能鉴定

试题评分表及答案

试题名称及编号		4.1.1 采购与保管——制作库存卡 A		考核时间			4 min	
评价要素	配分	等级	评分细则	评定等级				得分
				A	B	C	D	E	
正确制作：类别、名称、计量单位、年月日、收入数量、发出数量、结存数量、保管人签章等8个要点	10	A	8个要点全部正确且无涂改						
		B	7个要点正确且结存数量必须正确						
		C	5~6个要点正确且结存数量必须正确						
		D	1~4个要点正确或结存数量错误						
		E	未答题						
合计配分	10			合计得分					

考评员（签名）：

等级	A（优）	B（良）	C（及格）	D（较差）	E（差或未答题）
比值	1.0	0.8	0.6	0.2	0

"评价要素"得分=配分×等级比值。

参考答案：

试题 4.1.1：上海曹阳汽配有限公司于 2014 年 10 月 3 日第一次购进桑塔纳 2000 型飞鹰牌刹车片 10 套，当日售出 8 套；10 月 5 日售出 2 套；10 月 20 日第二次又购进相同型号 3 套。根据上述情况填写商品库存卡。

库 存 卡

商品类别：底盘类　　　　　　名称：飞鹰牌刹车片　　　　　　配件编码：_____

规格：桑塔纳 2000 型　　　　计量单位：套　　　　　　　　　分号：_____

2014年		凭证		收入数量	发出数量	结存数量	保管人签章	备注
月	日	种类	号数					
10	3			10	8	2	×××	
10	5				2	0	×××	
10	20			3		3	×××	

商品营业员（汽车配件）（五级）操作技能鉴定

试 题 单

试题代码：4.2.1

试题名称：采购与保管——火花塞等配件的陈列与摆放

考核时间：4 min

1. 场地设备要求

（1）题卡（4.2.1）：某公司门店新进火花塞、机油、皮带及蓄电池一批。请根据其不同类别在门店内进行陈列。

（2）课桌椅1套。

（3）答题卷及水笔1支（考生答题用）。

2. 工作任务

根据以上配件的不同特点在门店内进行陈列并说明理由。

3. 技能要求

在答题卷上根据以上商品的特点提出摆放方案。

4. 质量指标

（1）4件配件商品摆放位置正确。

（2）摆放理由表述正确、清楚。

商品营业员（汽车配件）（五级）操作技能鉴定

试题评分表及答案

试题名称及编号			4.2.1 采购与保管——火花塞等配件的陈列与摆放		考核时间			4 min	
评价要素		配分	等级	评分细则	评定等级				得分
					A	B	C	D	E	
1	火花塞	2	A	选择柜台和货架两种方式且不能与机油在同一个柜台或货架内						
			B							
			C	只选择柜台或货架一种方式						
			D	选择错误						
			E	未答题						
2	机油	3	A	选择货架且不能与皮带、火花塞在同一个货架内						
			B							
			C	只选择柜台或货架一种方式且不能与皮带、火花塞在同一个货架内						
			D	选择错误						
			E	未答题						
3	皮带	2	A	熟练选择柜台和货架两种方式且不能与机油在同一个柜台或货架内，不能悬挂						
			B							
			C	只选择柜台或货架一种方式且不能与机油在同一个柜台或货架内，不能悬挂						
			D	选择错误						
			E	未答题						
4	蓄电池	3	A	2个全部选对，无错误选择						
			B							
			C	2个全部选对，另有1个错误选择						
			D	2个全部选对，另有2个或以上错误选择；1个选对或无选对的						
			E	未答题						
合计配分		10		合计得分						

考评员（签名）：

等级	A（优）	B（良）	C（及格）	D（较差）	E（差或未答题）
比值	1.0	0.8	0.6	0.2	0

"评价要素"得分＝配分×等级比值。

参考答案：

火花塞——柜台或货架陈列；机油——货架陈列且不能与皮带、火花塞在同一个货架内；皮带——柜台或货架陈列，不能悬挂；蓄电池——平地或货架底部。

配件名称	陈列位置				注意事项
	柜台	货架	平地	货架底部	
火花塞	√	√			
机油		√			不能与皮带、火花塞在同一个货架内
皮带	√	√			不能悬挂
蓄电池			√	√	